# Vorwort

Dieses Werk „Flüchtlinge, Migranten, Mutter Merkel" ist die Fortschreibung meiner bereits vorhandenen ebooks „Das Haar in der Suppe", „Die andere Meinung" und „Der Islam gehört zu Deutschland ... und anderer Quatsch".
Auch für dieses ebook möchte ich Karl Kraus zitieren, der gesagt hat: "Ich kann zwar keine Eier legen, aber ich merke, wenn sie faul sind". Ich habe versucht, diese faulen Eier häufig in satirischer Form zu benennen.

In diesen Blogs wird das Zeitgeschehen teils ernsthaft, teils satirisch kritisch begleitet. Schlagworte sind zum Beispiel „Homosexualität", „Griechenland", „Eurokrise", „Syrien", „Islam", „Flüchtlingskrise"
Wenn man die Blogs liest, dürfte man feststellen, dass sich kein Blog völlig von der Realität entfernt und mancher spätere Konsequenzen vorausgesehen hat.

Herstellung und Verlag:
BoD - Books on Demand, Norderstedt
ISBN 978-3-7392-4383-2

# Inhalt

# Blogs im November 2015

## Scheinargumente

30.11.2015

Um einen Krieg analytisch hinreichend beschreiben zu können, teilt man ihn ein in „Angreifer" und „Verteidiger". Wenn nun vor kurzem noch behauptet wurde, dass Assads Armee hoffnungslos zurückgedrängt worden ist - nicht ausschließlich vom IS -, dann waren sie nicht die „Angreifer" und können nicht allein verantwortlich gemacht werden für die Flüchtlingsströme.

Wenn behauptet wird, dass Terroristen nicht auf die chaotische Migrantenflut angewiesen sind, um nach Europa zu kommen, dann ist das kein Argument gegen die Annahme, dass sie diese Zuwanderung ausnutzen, um auf leichtem Weg nach Europa zu kommen.

Wenn das Beharren auf keiner „Obergrenze" kein rechtliches, sondern ein moralisch-humanitäres Argument sein soll, dann ist es unverständlich, warum die Moral bei der Verhandlung mit Erdogan suspendiert wird. Der Verweis auf „Realpolitik" löst den moralischen Widerspruch nicht auf.

Wenn die Behauptung „Wir schaffen das" (verbessert in: „aber nicht allein"), dann muss man gleichzeitig erklären, welche geistige Entwicklung die 600.000 von 1 Million Migranten nur aus 2015 nehmen werden, die nach Aussagen von Sachverständigen kurzfristig nicht voll integrierbar sind - vielleicht sogar auch langfristig nicht ( Beispiele für diese Befürchtung gibt es europaweit genug!).

# Meinungsumfrage zur unvorsichtigen Skiläuferin

29.11.2015

Wo bleibt die repräsentative Meinungsumfrage unter 1.000 bis 2.000 Migranten, weshalb sie letztlich so unvermittelt nach Europa aufgebrochen sind, besonders aber nach Deutschland? War es nicht vielleicht doch die „unvorsichtige Skiläuferin", die eine „Lawine losgetreten" hat?

## Heiko Maas hat zu 99,99999% recht

29.11.2015

Angela Merkel hat einen Justizminister, dessen logische Fähigkeiten sich hinter seinen politischen Bekenntnissen verbergen. Die Bundeskanzlerin selber scheint von diesem Versteckspielen ebenfalls ein wenig infiziert. Sie will aus humanitären Gründen keine „Obergrenzen" für Asylbewerber akzeptieren. Aber sie canossat in Erdogans Demokratur, damit er ihr hilft, weiter „ohne Obergrenzen" die Migrationskrise lösen zu können. Diese Logik ist nicht mehr zweiwertig!
Ähnliche Ungereimtheiten sollen wir unserem Justizminister abnehmen. Er glaubt der Behauptung der Sachverständigen der Bundespolizei nicht, dass sie die deutschen Binnengrenzen sichern könnten. Er glaubt hingegen, dass die Sicherung der Tausende von Kilometern längere Außengrenze der EU erfolgreicher sei. Diese Logik ist auch nicht mehr zweiwertig!
Heiko sieht auch keine Verbindung zwischen der Zuwanderungsfrage und der Gefahr des islamistischen Terrorismus, obwohl zwei der Attentäter von Paris sehr wahrscheinlich den Migrationsstrom genutzt haben, um nach Europa zu kommen. Flüchtlinge seien Opfer, keine Täter. Das ist zu 99,99999% richtig. Aber

0,00001% von 1 Million Migranten sind immer noch genug mögliche Terroristen, die ein Blutbad anrichten können, nämlich 10 !!

Und die schrägste Meinung des Justizheikos kommt in seiner Aussage zum Vorschein, dass die Drahtzieher des Schreckens die aktiven Terroristen eventuell mit den Menschenmassen deshalb einschleusen, um die Flüchtlingskrise weiter eskalieren zu lasen. Außerdem muss Maas die Frage beantworten, welche geistige Entwicklung von den 600.000 Migranten zu erwarten ist, die nicht schnell voll integriert werden können.

Darf ein Minister, der solchen törichten Stuss von sich gibt, Menschen anderer politischen Auffassung noch kritisieren?

## Gehaltsabtretung für Flüchtlingshilfe

29.11.2015

Alle Politiker, Journalisten und weitere Meinungsmacher, die angesichts der chaotischen Völkerwanderung immer noch für unbeschränkten Zuzug plädieren, müssen zu einer Gehaltsabtretung gezwungen werden. Mit dem eingesammelten Geld könnte man dann Projekte zur Flüchtlingshilfe organisieren.

## Unsere Lebensmittel

28.11.2015

Ich war bei mehreren Schlachtern und wollte
Krebswurst
genmanipuliertes Schweinesteak
Hähnchenbrustfilet mit Antibiotika und einer Prise Chlor
kaufen.
Alle sagten mir, dass sie in Zeiten des Ozonloches und des Waldsterbens solche Produkte nicht führten. Da

sieht man mal, wieweit sich schon die naive Unkenntnis selbst unter Experten verbreitet hat.

## Putin, der Schreckliche

28.11.2015

Ich fand und finde die Strategie von Putin in Syrien für zielführend, soweit die Informationen, die ich habe, von objektiven Medien stammen.
Er betont sehr wohl auch aus Eigeninteresse, dass die geringen staatlichen Strukturen in Syrien erhalten bleiben müssen. Ansonsten bekäme man Verhältnisse wie in Libyen, woran der „Westen" nicht schuldlos ist. Dieser Meinung schließen sich immer mehr Beteiligte am Syrienkrieg an, ja jetzt ist man sogar bereit, auch die syrische Armee in diesen Stabilisierungsprozess als „Söldnertruppe wie die Kurden einzubeziehen, die nach westlicher Auffassung offenbar besser für den Tod am Boden geeignet sind als westliche Truppen. Jetzt wird bekannt, dass Frankreich eine Karte „moderater" Rebellen entwerfen werde, um sie vor Luftangriffen zu schützen. Auch die Russen sollen schon längst versucht haben, mit einigen Rebellengruppen ins Gespräch zu kommen. Irgendwann im Jahre 2017 soll es dann Wahlen in Syrien geben. Dschihadistische Terrorgruppen werden wohl ausgeschlossen sein. Das Problem bleibt Baschar al-Assad. Einige wollen ihn gar nicht zu den Wahlen zulassen, andere ihn nur für eine Übergangszeit in der Regierung lassen. Putin will sein Verbleib von den Wahlen abhängig machen. Die Frage bleibt aber, wieso man über den Status einer einzigen Person solange diskutieren kann. Hinter Assad stehen doch politische Kräfte, die auch ohne ihn bleiben werden. Zum Glück ist man sich bei allen divergierenden Interessen einig, dass der IS und die

al-Nusra Front vernichtet werden muss.

PS Ich habe noch nirgendwo gelesen, welche gesellschaftlichen Vorstellungen die Gruppen hatten, die anfänglich gegen Assad demonstrierten.

## AfD: Zum Ball der „Lügenpresse"

28.11.2015

Da hat der Günther Lachmann (nomen est omen?) in der WELT vom 28.11. der AfD mal wieder seine Meinung gegeigt. Frauke Petry und weitere führende AfD-Funktionäre feierten zusammen „mit der ansonsten auf jeder Demo lautstark geschmähten "Lügenpresse". Abgesehen davon, dass Frauke Petry den Begriff „Lügenpresse" meines Wissens noch nie benutzt hat, darf man nicht nur aufgrund von Lachmanns Kommentar behaupten, dass auch Journalisten eingeteilt werden müssen in doofe, mit Vorurteilen beladene, feindselige, intelligente etc., eben der ganze Zoo voller Narren und Weisen. Wohin Lachmann gehört, ist aus seinem Statement zu erkennen:
„Letztlich kann Petrys Besuch auf dem Bundespresseball von der Basis nur als Kniefall vor dem ansonsten doch so verhassten System gewertet werden". Den Begriff „System" hat er aus der Mottenkiste linker Systemveränderer geholt und ihn rechten Politikern untergeschoben. Fairer wäre meiner Meinung nach die Randnotiz gewesen: „Die Linke" und „Die Rechte" feiern gemeinsam auf dem Bundespresseball im Berliner Hotel „Adlon".

# Relationsbegriffe

27.11.2015

„Solidarität" ist genau so ein Relationsbegriff wie „Gerechtigkeit". Der Inhalt wird durch Menschen mit unterschiedlichen Voraussetzungen und Meinungen definiert. Dahinter steht kein Naturgesetz.
Deutschlands solidarische „Nibelungentreue" mit Österreich im Ersten Weltkrieg wird heftig kritisiert. Kanzler Schröders Weigerung solidarisch in George W. Bushs Irakkrieg einzutreten, wird gelobt. Die deutsche Regierung lehnte mit Westerwelle eine solidarische Unterstützung der Alliierten bei der Beseitigung von Muammar al-Gaddafi ab. Uneingeschränkte Solidarität mit Griechenland fällt einigen schwer, anderen nicht. Beklagt und eingefordert wird die mangelnde Solidarität östlicher EU-Staaten bei der Flüchtlingsaufnahme. Aber sowohl Polen als auch Tschechien haben Frankreichs Hilferuf um solidarische Unterstützung gegen den Terrorismus positiv beantwortet.
Also: Solidarität könnte zwar eine platonische unwandelbare Idee in der Welt des Geistes sein -, aber eben nicht in unserer Welt, in der es nur mehr oder weniger schlechte Abbilder gibt. Und „Solidarität" zu leisten gegenüber Staaten und Institutionen, bei denen man verzapften Unsinn zu erkennen glaubt, fällt besonders schwer.

# Mal was ganz anderes: Prostitution

26.11.2015

Vincent van Gogh hat blutüberströmt sein abgeschnittenes Ohr seiner Lieblingsprostituierten als Geschenk ins Bordell gebracht. Da haben sich die Zeiten allerdings geändert. Heute bringt man Euros ins Bordell. Aber die Institution bleibt. Von den Römern

wurde sie „lupanar" genannt, wo die „Wölfinnen" (lupae) ihre Dienste anboten und hungrige Männer „ernährten", genauso wie die capitolinische Wölfin (lupa Capitolina) die Zwillinge Romulus und Remus säugte. Diese Begriffserklärung ist frei erfunden, aber „Liebesdienerinnen" als Mitarbeiterinnen der „Armenspeisung" oder als Sexualtherapeutinnen anzusehen, hat einen wahren Kern.
Prostitution bedient seit Jahrtausenden einen existierenden Markt für meistens männliche Bedürfnisse. Es kann gar kein Zweifel bestehen, dass die männliche Sexualität im Durchschnitt aggressiver ist als die weibliche. Wenn Männer ihren Partnerinnen diese Art von Sexualität nicht zumuten mögen, oder wenn sogar die Frequenz (Luthers „in der Woche zwier") nicht stimmt, weil die Frauen etwas lustlos sind, dann müssen sie auf diesen Markt ausweichen. Denn mit schmerzendem Unterleib herumzulaufen, macht keinen Sinn angesichts des existierenden Antikmarktes der Sexualität.
Die Prostitution kann erst dann abgeschafft werden, nachdem - evolutionär betrachtet - die Männer mutierten.

## Daumen runter!

26.11.2015

2015 kommen mehr Asylsuchende nach Deutschland als im vergangenen Jahr in die 44 wichtigsten Industriestaaten gemeinsam.

Um die deutsche falsche Flüchtlingspolitik weiter hartnäckig verteidigen zu können und einer einzigen Frau hinterher zu laufen, wird weiterhin behauptet, nur solche Menschen kämen zu uns, „die aus der Hölle kommen" (also junge Männer, die ihre Liebsten „in der

Hölle" gelassen haben), und das seien im Wesentlichen Ärzte, Architekten und Mechatroniker mit ihren Frauen und Kindern, die man „Willkommen" heißen müsse.

Warum sollten die vielen europäischen Politiker Unrecht haben, die eine solche Politik mit Sogwirkung ablehnen: die Franzosen, die Schweden, Dänen und Norweger, die Polen, die Ungarn, die Tschechen, die Slowaken?

PS Die Journaille wollte aus Kohl die Spendernamen herausfoltern. Das gelang nicht. Merkel, sein Ziehkind, rückt trotz massiver Attacken nicht von ihrem Begriff „Obergrenzen" ab. Welch schöne Übereinstimmung!

## Appeaser

26.11.2015

Man muss den Eindruck gewinnen, dass in der Flüchtgrantenkrise in Deutschland viele „Appeaser" unterwegs sind. Ein Appeaser wurde von Winston Churchill wie folgt definiert:

„Ein Appeaser ist jemand, der ein Krokodil füttert in der Hoffnung, dass es ihn als Letzten frisst".

Es gibt aber einen entscheidenden Unterschied zu unseren Appeasern. Die sehen noch nicht einmal das Krokodil.

## Mehr Europa!

24.11.2015

Es gibt in der Flüchtgrantenproblematik eine einfache Frage, die relativ einfach beantwortet werden kann: „Warum wollen so viele Flüchtgranten nach Deutschland kommen?" Antwort:

„Weil sie wissen, dass sie in Deutschland am besten

versorgt werden und die besten Lebenschancen haben“.

Wenn Deutschland nun bei ungebremster Zuwanderung riesige Probleme mit einer sinnvollen und notwendigen Integration bekommt - darin sind sich anscheinend alle Parteien einig - , dann ist die Bemühung vernünftig, Europas Außengrenzen zu schützen und eine Kontingentlösung anzustreben. Nur - es gibt eine weitaus bessere Lösung! In dem vielbeschworenen solidarischen Europa muss es eine einheitliche Asylpolitik mit gleichen Asylverfahren und relativ gleichen Standards bei der Versorgung geben. Deutschland würde dann sein hohes Niveau senken müssen und die Flüchtgranten, denen überwiegend keine Lebensgefahr mehr droht, wenn sie Europa erreicht haben, hätten mehr Wahlmöglichkeiten. Deutschland wäre zwar aufgrund seiner gegenwärtigen wirtschaftlichen Stärke ein Wahlfavorit, aber die Stärke der Sogwirkung wäre gemindert.

## Katrin und J.Au haben einen Piepmatz
24.11.2015

Katrin Göring-Eckardt durfte gestern Abend in der Talkshow von Sandra Maischberger mal wieder ihre süßliche Menschenliebe zum Besten geben, gestützt von J.Au! Sie wurde zitiert mit der Meinung (und interpretierte sie dann), dass sich Deutschland mit den Flüchtgranten ändern werde, und dass sie sich darauf freue. Unser Land bekomme diese Menschen „geschenkt“ und werde jünger und bunter. Nun mag dieses „Geschenk“ besonders die Grünen erfreuen, aber was damit auch verbunden ist, erklären andere, aufs Großhirn gestützte Frauen, die wissen, wovon sie reden: Necla Kelek, Seyran Ates, Sabatina James und auch die gestern anwesende Güner Balci.

# Die Erde dreht sich um die Sonne

24.11.2015

Viktor Orban, der ehemalige Kämpfer gegen den Kommunismus, muss sich vor einem europäischen Inquisitionsgericht verteidigen, in dem auch Richter sitzen, die im Kommunismus einen alternativen Gesellschaftsentwurf sahen.

Er behauptet nicht, dass sich die Erde um die Sonne dreht, sondern dass „alle terroristischen Anschläge" in Europa von Menschen mit Migrationshintergrund oder islamischen Konvertiten begangen wurden. Er behauptet damit natürlich nicht, dass „alle Migranten" Terroristen seien. Und er sieht die Gefahr, dass Terroristen mit der ungeregelten Zuwanderung diesen leichten Weg nutzen, um nach Europa zu kommen. Warum sollten sie schwerere Möglichkeiten wählen?

Jean-Claude Juncker begrüßte ihn bei einem Zusammentreffen halb scherzhaft als „Diktator". Orban grüßte mit „Großfürst" zurück. Da treffen doch Klischees erhellend aufeinander.

Gelobt wird eine Haltung, die nicht nachplappert, was die Gurus des Mainstreams vorgeben. Orban hat es in Europa aber schwer, für seine Meinungen gelobt zu werden, obwohl überhaupt nicht sicher ist, dass seine Entscheidungen falsch und alle anderen richtig sind. Auch in Europa ist kein platonischer „Philosophenkönig" in Sicht. Aber still, langsam und scheinheilig findet Orban Nachahmer.

# Die Untertanen

23.11.2015

In der Griechenland- und Migrantenkrise handeln viele deutsche und europäische Politiker nach der Vorgabe

des Kurfürsten Friedrich Wilhelm von Brandenburg:
„Es ist dem Untertan untersagt, den Maßstab seiner beschränkten Einsicht an die Handlungen der Obrigkeit anzulegen".

## Zitate „Für die Ewigkeit"

22.11.2015

„Wir wollen beschützt werden vor Kugeln und Bomben. Nicht vor der Wahrheit"
(Richard Herzinger)
Wie sollen wir unseren Feinden auch die andere Wange darbieten, wenn sie uns den Kopf abgeschlagen haben?
(Nikolaus Blome)

## Zitate voller schwachem Sinn

22.11.2015

Merkel hofft, dass sich unter den Deutschen mit der Flüchtgrantenflut eine „Sehnsucht nach Vielfältigkeit" ausbreitet.

Wir dürfen nicht von „Krieg" gegen den IS reden, sondern besser von „Kampf".

Es gibt keine „Obergrenze" in Deutschland, wohl aber „begrenzte Kontingente" in Europa.
(Das deutsche Asylrecht kennt unter bestimmten Bedingungen sehr wohl „Obergrenzen")

Es scheint so, als ob die Urheber der Zitate auf „semantischen Bananenschalen" (neudeutsch: Wording) ausgerutscht sind oder durch Worthexereien ihre Fehler kaschieren wollen.

# Urchristlicher Kommunismus



Bisher wurde Entwicklungshilfe begründet

- mit moralischen Gesichtspunkten. Das Leiden und die Armut in der Welt muss gelindert werden.
- aus wirtschaftlichem Eigennutz. Die Hilfe soll auch potenzielle Käufer produzieren.
- aus dem Schuldgefühl kolonialer Ausbeutung. Der Bevölkerung in Kolonialländern wurde Bildung und Ausbildung vorenthalten.
- aus dem Schuldgefühl der egoistischen Schutzgesetze der eigenen Wirtschaft. Die EU-Agrargesetze verhindern Importe aus Entwicklungsländern.

Zwei neue Faktoren sind hinzugekommen:

- die Quellen für Terrorismus sollen ausgetrocknet werden.
- die Flüchtgrantenströme sollen reduziert werden durch Schaffung besserer Lebensbedingungen in den Ländern, die Fluchtursachen sind.

(Mehr Faktoren sind mir nicht bekannt)
Diese Hilfe zu leisten ist notwendig, aber sehr teuer. Nun kommen zu den Kosten der Entwicklungshilfe auch noch die Kosten für eine „Inlandshilfe" hinzu. Die Ausgaben dafür belaufen sich nach seriösen Schätzungen auf 30 Milliarden jährlich (Integration von Flüchtgranten) für nur wenige Prozent der Gesamtbevölkerung. Daher ist zu fragen, ob die gesinnungsethischen Entscheidungen von Angela Merkel nicht Zeichen einer politischen „Pubertät" sind, die Nebenfolgen nicht bedenken und die an eine Form von urchristlichem Kommunismus erinnern: Lasset die

Beladenen zu uns kommen. Notfalls wird geteilt.

## Ich bin ein glücklicher Atheist

22.11.2015

Drei Fragen, die mich bisweilen bewegen, wenn ich mal über den Tag hinaus denke, skizziere ich im Folgenden:

1) Warum gibt es etwas, und warum gibt es nicht vielmehr nichts? - die metaphysischste aller metaphysischen Fragen.
2) Warum lässt ein sogenanntes allmächtiges Wesen wie z.B. der Christengott oder Allah es zu, dass so viel Leid in dieser Welt passiert? - die ungelöste Frage der Theodizee.
3) Werde ich als Atheist vielleicht doch meine geliebten Menschen im Jenseits wiedersehen?

Keine Religion, ganz besonders auch nicht der metaphysisch restringierte Islam, der sich und seine Gläubigen nicht gerade intellektuell und spirituell herausfordert, gibt mir darauf plausible Antworten. Da dem so ist, sollte sich die Welt nicht dauernd mit den Befindlichkeiten und Glaubenskontroversen der Muslime beschäftigen, sondern für Bedürftige mit gleichem Aufwand und gleicher Diskussionsintensität erklären, was Christentum, Judentum, Buddhismus, Hinduismus, Taoismus, Shintoismus etc. an Trost und Sicherheiten bereithält, und als 4.Frage formulieren:
Warum begehen deren Gläubige nicht diese irren größenwahnsinnigen Bluttaten?

# Mehr Europa!

20.11.2015

„Wir brauchen nicht weniger, wir brauchen mehr Europa!"
Bei vielen Gelegenheiten hört man diesen Satz von Politikern, die einen Bundesstaat Europa propagieren. Ein Problem könnte tatsächlich mit diesem Prinzip entschärft werden, das Problem der europaweit einmaligen Belastung Deutschlands mit der Migrantenflut.
Die Asylgesetzgebung muss in Europa vereinheitlicht werden! Das bedeutet für Deutschland, dass das individuell einklagbare Asylrecht abgeschafft werden muss.
Also: Mehr Europa!

PS Ein Angebot für Selbstmordattentäter des IS: Sprengt Euch doch lieber bei Großveranstaltungen mit Feuerwerk in einem abgesicherten Bereich in die Luft. Mit dieser außergewöhnlichen Pyromanie würdet ihr viel mehr Anhänger gewinnen.
(Dieses Angebot soll als Beitrag zur ideologischen Auseinandersetzung mit dem Terrorismus verstanden werden)

# Wenn alle so wären!

19.11.2015

Man stelle sich mal zwei Welten vor!
In der einen laufen alle Frauen herum, die ihre schönen Haare zeigen dürfen, die Miniröcke tragen oder sogar in Bikinis Bars besuchen. Dort sitzen Männer, die darüber diskutieren, wie man die Welt verbessern kann, ohne irgendwelche Kulturen zerstören zu wollen. Auf dem Tisch steht eine Flasche Merlot, an der Wand

hängt ein Picasso, Musik ertönt.

Nun zur anderen Welt: Dort bevölkern Frauen mit Kopftuch die Städte. Sie sehen so aus, als ob sie gerade eine Kopfoperation überstanden hätten. Andere sind versteckt hinter langen, meistens schwarzen Gewändern, ihr Gesicht ist nicht erkennbar. Sie sehen aus wie überdimensionierte schwarze Nebelkrähen und machen kleinen Kindern Angst. Ihre Männer mit Bärten sitzen bei Wasserpfeifen oder Tee herum, streicheln ihre Kalaschnikows, zählen ihre Handgranaten und diskutieren über die Zerstörung der Welt aller „Ungläubigen".
Auf dem Tisch liegt der abgeschlagene Kopf eines „Kreuzfahrers", an der Wand hängt ein Bild von Darth Vader, alias Ajatholla Khomeini, es herrscht Totenstille.

Für welche Welt lohnt es sich zu kämpfen?

## Tödliche Suren

19.11.2015

Im von Allah diktierten Koran gibt es Suren, in denen zum Töten von „Ungläubigen" aufgerufen wird.
Um den „barmherzigen" Islam zu retten, wird erklärt, dass man diese Suren im „historischen Kontext" zu sehen habe: der junge Islam musste sich anfangs gegen seine Feinde verteidigen. Es nützt aber gar nichts und macht Dschihadisten nicht friedfertiger, wenn nur wir diesen „historischen Kontext" erkennen.
Und die Entschuldung dieser Religion geht ins Leere, wenn die fanatischen unterbelichteten Irren den Willen haben, genau diesen Teil der Geschichte neu zu beleben.

# Heraklit: „Der Krieg ist der Vater aller Dinge"

18.11.2015

Im Bereich der Geopolitik kämpfen reiche Regionen gegen ihre ärmeren Verwandten: Katalonien gegen Spanien, die Flamen gegen die Wallonen, Norditalien gegen den Süden, Bayern gegen Berlin.
In der Flüchtlingspolitik ist alles anders. Da kämpfen ärmere Länder gegen das reiche tugendhafte Deutschland und die Tugendwächter der EU: die baltischen Staaten, die Slowakei, Ungarn und nun auch Polen.
Die Griechenlandpolitik nimmt eine Sonderrolle ein. Da wollen reichere Staaten durch Geldgeschenke einen armen, unwilligen Staat etwas reicher machen.
„Krieg" gegen den IS ist aber wirklich nicht der richtige Terminus. Es muss „Vernichtung" heißen.

# „Der Herde gleich, vom Hirten fern, so irrten wir zerstreut"

18.11.2015

Diese Erkenntnis aus Händels „Messias" hat auch ein weitsichtiger Journalist über seine Zunft und über die Meinungsflut zu Problemen und Katastrophen der Gegenwart gewonnen.
Im Folgenden sind einige Kostproben zusammengetragen:

„Mit Vernichtung des IS hört der Terrorismus nicht auf". Das ist richtig. Aber es macht auch keinen Sinn, den IS nicht zu vernichten.
„Schuld am Chaos im Nahen und Mittleren Osten sind auch europäische Kolonialmächte durch falsche

Grenzziehungen". Dabei wird aber vergessen, dass Staatsgrenzen gar nicht sichtbar sind. Es sind Menschen, die über einander herfallen. Auch die schmerzhaften Grenzziehungen nach dem Zweiten Weltkrieg haben keine Bürgerkriege provoziert. Außerdem ist es unmöglich, durch Grenzen rein homogene Zellen zu schützen.

„Schuld am Kampf der Schiiten gegen die Sunniten ist George W. Bush", offenbar weil er Saddam Hussein beseitigt hat. Das hört sich so an, als ob er durch die Beseitigung eines schlimmen Diktators die Büchse der Pandora geöffnet habe, dass er den Jahrhunderte währenden Hass der Sunniten und Schiiten erst entfacht, und dass er durch den Irakkrieg erst den Iran und Saudi-Arabien zu Feinden gemacht habe. Selbst wenn es ein Fehler war, sämtliche Parteigänger und die Sicherheitskräfte von Saddam nicht an der Regierung zu beteiligen, darf das nicht als Ursache für die Entstehung des irren IS bezeichnet werden. Das unheilvolle Wirken von Maliki, dem ehemaligen Präsidenten des Irak, als Grund für das Erstarken des IS wird selten oder gar nicht erwähnt.

Über die muslimischen Mörder in Paris wird behauptet, dass es „unsere Jugend (ist), die hier Krieg gegen sich selbst führt". Das ist eine Beleidigung! Es ist eine kleine Zahl von muslimischen Irren und nicht „unsere Jugend", geschweige denn meine Söhne.

Es wird gefordert, dass die Asylgesetzgebung europaweit vereinheitlicht werden müsse. In der Konsequenz müsste Deutschland „Abstriche von seiner großzügigen Asylgesetzgebung" machen. (Welche Zeitung formuliert mal mutig die Unterschiede?) Darf man nicht doch behaupten, dass so viele Flüchtgranten nach Deutschland kommen wegen der großmütigen Asylgesetze, der Willkommenshysterie, des angeblichen Mangels an Arbeitskräften, der rechtlich bedenklichen Aussage, es gäbe beim Asyl keine Obergrenzen, der Sozialgesetze?

Und Angela wird weiterhin ihre Raute machen, und aus ihrem Mund werden die - der jeweiligen Situation angepassten - schönen Worte fließen. Sie wird wahrscheinlich auch das Buch nicht lesen, das ihr Parteifreund Jens Spahn mit Kritikern der bisherigen Flüchtlingspolitik herausgibt. Denn sie wird vorher schon wissen, dass es nicht „hilfreich" ist, und dass wir sowas in Deutschland nicht haben wollen.

Die mit einer Todesfatwa bedrohte Islamkritikerin Ayaan Hirsi Ali fordert als alternativlose Strategie gegen Extremismus und Terrorismus eine „Festung Europa" Die europäischen Tugendbolde stehen kurz davor, sie zu steinigen.

## „Begnadete" Meinungswenden

18.11.2015

Es scheint so, als ob Michael Stürmer in der WELT vom 18.11. recht behält mit dieser Prognose: „Der Terror vereint". Denn Obama, Hollande und der westliche Beelzebub Putin planen bereits miteinander.

Auch das haben die Alten Griechen und Römer richtig erkannt, dass der „timor externus" (die Furcht von außen) einigend wirkt und Kräfte mobilisiert.

Der „timor" ändert sogar auch festgefügte Glaubenssätze:

Im Nahen Osten sei es für Dschihadisten durch ein entstandenes Machtvakuum einfacher geworden, sich in schwachen Staaten zu organisieren. „Die Rekrutierung in Europa hat andere Gründe: Die Extremisten argumentieren, Syriens Diktator Baschar al-Assad verübe einen Genozid an den Sunniten in seinem Land. Das war ein starkes Narrativ

für viele junge Menschen. Verbunden mit der Wirkung der sozialen Netzwerke, die Tag und Nacht scheinbare Beweise für diese Hypothese geliefert haben" (Peter Neumann, Politologe)
Und nicht nur die Extremisten argumentieren so!

„Wirksamer militärischer Druck lässt sich nur durch eine Kombination von Luftschlägen und Bodentruppen erreichen...Das ist ja die russische Strategie, die auf die syrische Armee als Bodentruppen setzt. Und politisch hat sich durch das Eingreifen Russlands eine neue Option eröffnet, mit diplomatischen Mitteln ein Ende des Bürgerkrieges und die politische Stabilisierung des Landes anzustreben"(Harald Kujat, ehemaliger Generalinspekteur der Bundeswehr)

„Aber eins ist sicher: Die strenge Linie Frankreichs, den syrischen Diktator Baschar al-Assad im Kampf gegen die Terroristen nicht zu unterstützen, hat sich als **falsch** erwiesen"
(Martina Meister, Journalistin)

PS Selten oder gar nicht wird das unheilvolle Wirken von Maliki, dem ehemaligen Präsidenten des Irak, als Grund für das Erstarken des IS genannt.

## 1 Million Terroristen?

18.11.2015

Kein vernünftiger Mensch hegt einen „Generalverdacht" gegen Flüchtgranten, wie häufig vermutet oder sogar verurteilt wird, und glaubt, dass 1 Million Terroristen nach Deutschland kommen. Aber man darf doch den Verdacht haben, ohne unqualifiziert kritisiert zu werden, dass 5 bis 13 zu allem entschlossene Terroristen diese ungeordnete

Völkerwanderung nutzen, um Morde zu begehen.

## Was denn nun, Frau Merkel?

17.11.2015

Angela Merkel sieht nun die Lösung der Füchtlingsproblematik nach ihrer proklamierten Willkommens- und „Wirschaffendas"-kultur ohne Obergrenzen darin, den Millionen Flüchtlingen, die in Ägypten, Jordanien, im Libanon und vor allem in der Türkei in relativer Sicherheit in Lagern leben, das Leben mit Geldzahlungen ein wenig erträglicher zu machen, so dass sie geringere Anreize haben, nach Deutschland zu kommen.
Andererseits! - andererseits redet sie weiterhin in den deutschen Medien davon, dass die Flüchtlinge „aus der Hölle von Bürgerkriegen" fliehen.
Also was denn nun? Woher kommen die Flüchtgranten?

## In Deutschland sollen Terroristen wegdiskutiert werden

17.11.2015

Die Verbindung von Terror und Flüchtgrantenflut, die z.B. Markus Söder zieht, wird vehement von Politikern und Meinungsmachern abgelehnt und danach auch von Nachplapperern. Kurzfristig scheint die Kritik berechtigt. Es ist natürlich völlig richtig, dass den Terroristen andere Wege offenstehen, um ihr blutiges Handwerk auszuüben. Sie brauchen dazu keine Völkerwanderung. Mittel- und langfristig gibt es aber dennoch eine diskutierbare Verbindung. Wenn Experten behaupten, dass von Millionen Flüchtgranten pro Jahr höchstens 200.000 bis 300.000 mit allen sinnvollen Bedingungen (Spracherwerb, Arbeitsplatz etc.) integriert werden können, dann bleibt rund 700.000 nur Hartz IV und Gettoisierung. Das aber sind bekannte Kriterien für muslimischen Extremismus und vielleicht sogar Terrorismus. Gerade die „französischen" und „belgischen" Terroristen von Paris haben bewiesen, dass diese Gefahr besteht.

Ein weiteres viel diskutiertes Problem ist die Unsicherheit, wie man gegen den IS vorgehen soll. Gebetsmühlenartig wird die Behauptung aufgestellt, dass der IS militärisch nicht zu besiegen sei. „Krieg" (war, guerre) mögen viele VIPs nicht in den Mund nehmen (nur in umfassenden Definitionen ist das erlaubt), noch nicht einmal der hochmoralische Begriff Verteidigungs-„Krieg". Der Bundespräsident, Hollande und der Papst sind ausgenommen. Man könnte „Krieg" auch als Metapher verstehen wie „Bürgerkrieg", „Rosenkrieg", „Krieg der Knöpfe" und muss nicht in intellektueller „wissender" Überheblichkeit diesen Begriff ablehnen oder auf seine völkerrechtliche Relevanz hinweisen.

Der IS könne durch Luftschläge nicht besiegt werden, ist ein weiteres Stereotyp mit Nachplapperern. Wahrscheinlich werden auch Bodentruppen nicht erfolgreich sein, zumal alle Staaten sehr unwillig sind, Bodentruppen zu stellen. Ein Ausweg wäre, regionale „Söldnertruppen" (z.B. die Peschmerga) als Bodentruppen zu engagieren.

Der Konflikt sei nur „politisch" zu lösen, etwa durch die Syrienkonferenz (Wieso kann eine Konferenz den IS besiegen?).Die Geheimdienste müssten enger zusammenarbeiten, und die Geldhähne sollten zugedreht werden.

Der IS wird durch diese Methoden kurzfristig nicht verschwinden, und auch Deutschland muss damit rechnen, dass dschihadistische Wahnsinnige hier einen Anschlag verüben werden. Da hilft es auch nicht, dass sich Deutschland hinter unreflektierten „Pazifismus" versteckt. In dieser Tragödie wird als Trost sub specie historiae angeboten, dass Terrorismus noch nie gesiegt habe. Darüber werden sich die Hinterbliebenen von Paris aber freuen!

## Gnadenloser egoistischer Utilitarismus

17.11.2015

Den gnadenlosen Egoismus von Viktor Orban und der neuen polnischen Regierung mit utilitaristischen Tendenzen für ihr Land können unsere deutschen und europäischen „Willkommens" Altruisten nur sehr schwer ertragen. Doch der Orbanismus findet immer mehr Nachahmer, solange die Außengrenzen nicht gesichert sind.
Selbst der Papst scheint ein Anhänger von sicheren Grenzen und dem Orbanismus zu sein. Oder soll man sein „Urbi et Orbi" anders verstehen?

## Muslimische Migranten im „feindlichen" Umfeld

16.11.2015

Aufgrund der Berichte einiger Meinungsmacher könnte man auf den Gedanken kommen, dass nicht die muslimischen Migranten Probleme machen, sondern das „feindliche" Umfeld, in dem sie leben müssen: die Banlieus in Frankreich, Molenbeek in Belgien, Marxloh und Berlin-Neukölln in Deutschland. Das erweiterte Umfeld will partout in einer offenen Gesellschaft leben und die „europäischen Werte" verteidigen.
Bedeutungsschwer wird deshalb (?) von Beschwichtigern betont, dass mindestens zwei der Pariser Attentäter „Franzosen" waren und als Hintermänner werden „Belgier" gesucht. Sie mögen

„europäische Staatsbürgerschaften" besessen haben, „europäische Werte" blieben ihnen aber fremd trotz europäischer Erziehung. Hießen diese „französischen" Terroristen Bernard, Jean oder Frederic?
Aus Molenbeek, einem gefährlichen von Islamisten beherrschten Stadtteil in Brüssel, sollen einige Terroristen gekommen sein, denen „europäische Werte" auch fremd blieben. Hießen sie Willem, Robbe oder Theo?

## Wende der Kanzlerin?

15.11.2015

Warum machen verantwortliche Realisten und vernunftbegabte Politiker ihr Handeln von der „Wende" einer Kanzlerin abhängig?
Wie die Hamster vor der Schlange?

## Kommentare zur Paris-Tragödie

15.11.2015

„Die Terroristen kämpfen gegen den Islam" (Zentralrat der Muslime)
„Wir müssen uns weiterhin schützend vor die Flüchtlinge stellen" (Sigmar Gabriel)
Kein Missverständnis! Das sind zwei Kommentare zu einem Blutbad von wahnsinnigen Terroristen mit vielen Opfern!

Andererseits gibt es aber auch Kommentare, für die man vor Wochen vor Gericht gekommen wäre. Und es gibt ernst zu nehmende Wertungen, die die Schwäche und die Irrtümer staatlicher Handlungen angesichts des islamischen Terrors anprangern:
„Von Entschiedenheit und Stärke ist in Kontinentaleuropa wenig zu spüren"(Mathias Döpfner

„Das „Refugees Welcome" gilt den Guten und Beladenen, doch die kommen nicht allein"
(Stefan Aust)
Die Regierung hat geschworen, „den Nutzen des deutschen Volkes zu mehren und Schaden von ihm abzuwenden. Sie verpflichtet sich nicht, dies für die ganze Welt zu tun" (Markus Söder)
Durch den Mangel an Identitätsprüfungen und durch das Unwissen über wichtige Daten zu Flüchtgranten „steigt die Gefahr, dass Kriminelle unerkannt einreisen" (N.N.)

PS Gern würde man eine Veröffentlichung einsehen einer umfangreichen Statistik mit leicht geänderten Namen der 700 Islamisten, die nach Syrien zum IS gereist sind und der 200 davon, die nach Deutschland zurückgekehrt sind. Heißen sie etwa Ole Johansson oder so ähnlich und sind Buddhisten?

# 4 Maßnahmen gegen den IS

15.11.2015

1) Veröffentlichung von 500 psychiatrischen Gutachten über IS-Kämpfer. Die Mörder werden darin ihren Wahnsinn offenbaren.

2) Mit einer Allianz von 500.000 Soldaten unter der Führung des Nachfolgers von General Schwarzkopf überall auf der Welt, wo der IS oder verwandte Terrororganisationen ihren irren blutigen Krieg gegen „Ungläubige" führt, diese Geißel der Menschheit zu vernichten.

3) Alle Politiker, denen in dieser Tragödie nichts anderes einfällt, als „Ruhe und Besonnenheit" anzumahnen ( etwas blöder als dieser Blog), zu

verurteilen, mit den 300 bekannten deutschen islamistischen „Gefährdern" ein Wochenendseminar zu verbringen.

4) Dünnsinnige „Pazifisten", wie z.B. Jakob Augstein, zu einem Aufenthalt auf einer einsamen Insel mit George W. Bush zu zwingen.

PS Der IS führt einen Angriffs-„Krieg" gegen unsere Offene Gesellschaft. Wir aber müssen uns überlegen, ob auch wir wenigstens einen Verteidigungs-„Krieg", ein Unwort für viele, gegen den IS führen wollen.

# Prozentrechnung zur Flüchtgranten-Kriminalität

14.11.2015

8.000.000 Deutsche von 80.000.000 müssten Straftaten begehen, wenn man den Angaben des BKA („Lageübersicht Nr.1 Kriminalität im Kontext von Zuwanderung") und der Schlagzeile einer großen deutschen Tageszeitung Glauben schenken soll: „Flüchtlinge ebenso selten (sic!) straffällig wie Deutsche".
Das BKA berichtet nämlich weiter, dass sich die erfassten Straftaten von Flüchtlingen in Deutschland „im sehr niedrigen sechsstelligen (sic!) Bereich" bewegen.
Wenn von ca. 1.000.000 Flüchtlingen und Migranten, die nach Deutschland kamen und noch kommen werden, 100.000 (= niedrigste sechsstellige Zahl) straffällig werden, dann sind das 10 Prozent. Wenn nun aber 10 Prozent von 80 Millionen Deutschen straffällig werden, dann sind das 8 Millionen!
Ist das glaubhaft und stimmt dann noch die Schlagzeile: „Flüchtlinge ebenso selten straffällig wie

Deutsche" ?
(oder kann ich nicht rechnen?)

## Ach nee! Papiersyrer „aus der Hölle"

13.11.2015

Beamte des Bundesamtes für Migration und Flüchtlinge haben einen Brandbrief an den Behördenleiter Frank-Jürgen Weise geschrieben. Daraus stammen folgende Zitate:
Die Erfahrungen der Bearbeiter zeigen, dass es einen „hohen Anteil von Asylsuchenden gibt, die eine falsche Identität angeben, um eine Bleibeperspektive mit der Möglichkeit des Familiennachzugs etc. zu erhalten". Zudem ist eine hohe Zahl von gefälschten syrischen Pässen im Umlauf.
Also de Maiziere: Bleibe zusammen mit Schäuble bei Deiner Unterscheidung von primärem und sekundärem Schutz!

## Flüchtgranten

12.11.2015

In der Talkshow von Anne Will mit dem Thema „Familiennachzug begrenzen - unchristlich oder unvermeidlich?" trafen unterschiedliche und unversöhnliche Meinungen heftig aufeinander. Man konnte den Eindruck gewinnen, dass die Vorsitzende der Grünen, Simone Peter, in ihrem moralistischen Furor nicht genau Bescheid wusste, welche Rechte die Genfer Konvention für Flüchtlinge formuliert, und worin nach wieder eingeführter Einzelfallprüfung auch bei syrischen Flüchtgranten die Bedingungen für primären oder sekundären Schutz bestehen. Sie schaute jedenfalls etwas entgeistert auf Peter Ramsauer (CSU), der ihr alles zweimal erklärte.

Interessant ist auch die Tatsache, dass so viele deutsche Atheisten (siehe Statistiken) ihr „christliches Gewissen" entdecken. Es gibt doch genug andere Gewissen zur Auswahl!

Der alte und neue EKD-Vorsitzende Bedford-Strohm, der seine SPD-Mitgliedschaft ruhen lässt, darf sich natürlich auf dieses spezielle christliche Gewissen berufen, wenn er fordert, dass Deutschlands Grenzen offen bleiben müssten für alle Flüchtlinge.

Ihm widerspricht aber der ehemalige Bundesverfassungsrichter Udo Di Fabio, dem man sein eigenes Gewissen schlecht absprechen kann, indem er betont: „Wir können Grenzen nicht aus einem humanen Imperativ einfach abreißen". Di Fabio verlangt auch von Christen Rücksicht auf „die Institutionen des Rechtsstaates". Man dürfe - aus welcher Moral heraus auch immer - die zentralen Prinzipien der Grenzsicherung und der Zugangskontrolle nicht aufgeben.

PS Thomas von Aquin: „Mein lieber Strohm! Dein Gewissen könnte sich irren!"

## Der monopolisierte Heiligenschein

12.11.2015

Die Verschärfung der Einreisebedingungen und der Schutzrechte für Flüchtgranten in vielen europäischen Ländern wird häufig damit begründet, dass man diese Maßnahmen ergreifen müsse, um das erstarken rechter Parteien zu begrenzen. Welch eine scheinheilige Begründung! Das ist doch eher eine Rückkehr zu einer realistischen Einschätzung mit Forderungen, die „demokratiefeindliche", rechte Parteien bereits vorher genauso formulierten.

PS Vertraut nicht nur den Grinsbacken aller Länder!

## Altmaiern

12.11.2015

Vier Diskutanten streiten sich: A-CDU, B-CSU, Altmaier, C-Journalist.
A-CDU behauptet den Satz X. Altmaier stimmt ihm zu. B-CSU sagt genau das Gegenteil von A-CDU. Altmaier stimmt auch B-CSU zu. Da sagt C-Journalist: „Mensch Altmaier, Du kannst doch nicht beiden recht geben. Die widersprechen sich doch. Da sagt Altmaier: „Du hast auch recht".

## Familiennachzug

10.11.2015

Wieso konnten es die jungen männlichen Migranten, denen vor allem Assads Fassbomben auf den Kopf fielen und die von Russen bombardiert werden, die auch ein wenig schlechte Erfahrungen mit dem IS hatten, die alle „aus der Hölle" kommen, übers Herz bringen, ihre Frauen und Kinder in dieser Hölle zu lassen, um sie dann erst später - vielleicht zu spät - nachholen zu wollen?

## Das ist aber „schäbig"!

11.11.2015

Es müsste vom moralischen Standpunkt einiger nervender Moralisten höchst „schäbig" sein, dass die Wirtschaft ihre Bewerber auswählt, also „selektiert". Es findet dagegen großen Zuspruch, was im Schulsystem passiert. Da wird nicht „selektiert", die Gymnasien müssen um ihren Bestand fürchten. Alle gehören zusammen! Verführt von diesen Philohumanitären gab

ein Sportlehrer im Basketball die Parole aus: Bei jedem Angriff müssen die Schwächeren zunächst einmal angespielt werden. Das Spiel war damit tot.
Größten Zuspruch bei Grünen und Linken findet das Prinzip, auch die Aufnahme von Migranten ausschließlich aufgrund „historischer" Verantwortung oder nach dem großzügigen Asylgesetz stattfinden zu lassen. Die verbreitete antielitäre und egalitäre Ideologie verbietet es zu „selektieren". (Es scheint so, als wenn die Schwachen im Geiste gewonnen hätten). Diese Einstellung gilt als nicht zu hinterfragender moralischer Imperativ. Im Moment versucht unser Innenminister de Maiziere von diesem Grundsatz abzuweichen und so zu verfahren, wie die klassischen Einwanderungsländer USA, Kanada und Australien, die kein „Sozialparadies" versprechen.
(Der Inhalt dieses Blogs basiert auf dem Essay von Sonja Margolina in der WELT vom 11.11.2015)

PS Es ist durchaus diskussionswürdig, wenn man der Meinung ist, dass Deutschland ein sehr reiches Land sei und vielen Armen dieser Welt helfen müsse, indem die Bürger ein Wenig von ihrem „Reichtum" abgeben. Es ist aber unerträglich und beleidigt die Vernunft, wenn behauptet wird, dass durch diese Qualität der Zuwanderung nach Deutschland alle noch reicher würden.

## Dr. Angela Merkel zum Zweiten

10.11.2015

In einem Blog vom 09.11. habe ich das Dissertationsthema von Dr. rer.nat. Merkel zitiert und gefragt, welche Kompetenzen sich daraus für ihre politischen Entscheidungen ableiten lassen. Ich konnte keine erkennen, habe aber drei Begriffe daraus leider übersehen, die jedenfalls eine Kompetenz in eigener Sache ausweisen: „Zerfallsreaktionen", „Bindungsbruch" und „Geschwindigkeitskonstanten".

## Dissertation

09.11.2015

Im Jahre 1986 wurde Merkels Dissertation: „Untersuchung des Mechanismus von Zerfallsreaktionen mit einfachem Bindungsbruch und Berechnung ihrer Geschwindigkeitskonstanten auf der Grundlage quantenchemischer und statistischer Methoden" mit summa cum laude bewertet. Mehr nicht! Woher hat sie tiefere Kenntnisse in Humanwissenschaften oder höheres Wissen im Management von Völkerwanderungen gewonnen?

## Grüne Kritik

09.11.2015

Die Grünen kritisieren fast alle Maßnahmen zur Migrantenkrise der schwarz-roten Regierung, besonders des schwarzen Teils darin. Merkels „Willkommenskultur" und ihr Diktum „Wir schaffen das!" - sogar ohne Obergrenzen zu nennen, ist aber von ihrer Kritik ausgenommen.
Die Wortwahl und die Meinungen zweier Exponentinnen der Grünen, Katrin Göring-Eckardt und Claudia Roth (siehe auch PS), sind im Folgenden zusammengestellt.

Vorab sei auf ein legendäres Unwort der Grünen hingewiesen, das ihnen in der Vergangenheit für die Forderung nach Deutschkursen und kultureller und zivilisatorischer Integration flüssig über die Lippen kam: „Zwangsgermanisierung".

Zur Wortwahl, mit der sie sogar schwächliche Maßnahmen der Regierung kommentieren:

Ausgrenzung, zynisch, unmenschlich, Haftanstalten, Abschottung, verweigerte Hilfe, Abschreckung, Regierung will Zweiklassensystem unter den Flüchtlingen einführen, kein Land ist sicher, keine weitere Verschärfung der Leistungskürzungen, unser Rechtsstaat braucht Schutz, CSU betreibt „Orbanisierung" der Asylpolitik, Claudia ist „entsetzt" über die CSU, sie ist „enttäuscht" über de Maiziere und macht sich „extreme Sorgen"(die Gute), Seehofer macht sich dagegen „lächerlich", die Grünen wollen die Ursachen der Migrantenströme beseitigen, indem Krisenländer befriedet werden (von wem?), (in Afghanistan haben das deutsche Soldaten 15 Jahre lang versucht!)

PS Katrin Göring-Eckardt „brach" im Jahre 1988 ihr Studium der evangelischen Theologie in Leipzig „ab".
Claudia Roth „brach" ihr Studium in den Fächern Theaterwissenschaften, Geschichte und Germanistik an der Ludwig-Maximilians-Universität München nach zwei Semestern „ab".
Beide gehen mir auf den Keks mit ihren käßmannischen, humanitären Ergüssen, und sie sind für mich nicht qualifiziert genug, um ihre Meinungen zu übernehmen.

## Die AfD zeigt ihre demokratiefeindliche Fratze

09.11.2015

Die „demokratiefeindliche" AfD fordert, wie der Innenminister de Maiziere, dass auch „bei Syrern wieder in jedem Einzelfall zu prüfen (ist), welcher Schutzstatus angemessen ist, statt pauschal zu verfahren". Bürgerkriegsflüchtlingen aus Syrien soll nach Prüfung nur noch subsidiärer Schutz gewährt werden, d.h. auch, dass viele Syrer ihre Familien nicht nachholen dürfen.

PS        Andre Schulz,        Vorsitzender        des Bundes Deutscher Kriminalbeamter        und Gewerkschaftsfunktionär, wagt es, Kriminalität von Ausländern „klar" zu benennen. dennoch rückt er die CSU in die Nähe der „demokratiefeindlichen" AfD, „weil sie nicht sachlich bleiben, sondern eine „aggressive, ausländerfeindliche Stammtischsprache" sprechen. Entweder weiß er nicht, was Demokratie bedeutet oder er hat ein Porzellansyndrom, d.h. er hat nicht alle Tassen im Schrank.

## Klimawandel: Gibt es ein ideales Weltklima?

08.11.2015

Der Klimaforscher Mojib Latif erhält den Deutschen Umweltpreis. Er ist ein Klimaforscher, der den Anstieg der Temperaturen und den daraus entstehenden Folgen allein (so verstehe ich ihn) mit anthropogenen Ursachen erklärt: mit dem Anstieg der $CO_2$-Konzentration in der Atmosphäre. Er weist darauf hin, dass der $CO_2$-Gehalt der Luft heute schon so hoch sei wie seit mindestens 800.000 Jahren nicht mehr.
Zum Problem des Klimawandels bleiben für mich, einem Laien, nach wie vor einige Fragen:

Wieso ist der $CO_2$-Gehalt vor 800.000 Jahren ohne Beteiligung des Menschen so hoch gewesen?
Wieso war es möglich, dass in nördlichen Breiten

subtropische bis tropische Temperaturen herrschten mit entsprechender Flora und Fauna?

Könnte es nicht doch sein (Frage eines Laien), dass die These der alleinigen anthropogenen Ursache falsch ist und ergänzt werden muss durch andere Wärme erzeugende Faktoren (Sonne), auf die der Mensch keinen Einfluss hat.

Wenn das richtig ist, dann müssen wir die Argumente des renommierten dänischen Politikwissenschaftlers Björn Lombog ernster nehmen und einen Teil des gegenwärtigen ungeheuren finanziellen Aufwandes zur Reduktion des $CO_2$ umleiten in Schutzmaßnahmen für die Auswirkungen des Klimawandels.

PS Welche Gründe können gefunden werden für die Existenz eines „idealen Weltklimas"?

# Englische Ökomodernisten

08.11.2015

„Es lebe die Gen- und Atomtechnik! Gegen schädliche Nebenwirkungen des technischen Fortschritts hilft bei neun Milliarden Menschen nur eines: mehr Fortschritt, nicht weniger". Das ist kurz gesagt die Meinung der englischen „Ökomodernisten".

Auch Politiker neigen dazu, dass sie nicht Wissenschaftlern, sondern eher einer Heerschar von Unwissenden und sog. „Aktivisten" glauben, die nicht mit Argumenten, sondern mit den Mistforken des Aberglaubens bewaffnet sind" (Hannes Stein), die nicht nach Überwindung des cartesischen methodischen Zweifels ihr „Wissen" verkünden, sondern lange vorher, und „ad fontes" ist für einige nur eine Diät-Anweisung, mehr Wasser zu trinken.

Und da dem so ist, da es nur wenige Fixpunkte des Wissens gibt, gibt es die „german angst".

# Bedingungslose Hilfe

08.11.2015

Wenn Menschen am Ertrinken sind, dann gebietet es die christliche Nächstenliebe, ihnen zu helfen. (Norbert Blüm sinngemäß in einer Talkshow mit Bezug auf alle Flüchtlinge)
Erstens: Das ist richtig, aber nur dann, wenn alle bei der Rettung am Leben bleiben. Diese Situation beschreibt das bekannte Beispiel eines bereits übervollen Rettungsfloßes nach einem Schiffsuntergang, auf das weitere Ertrinkende hinauf wollen. Das Beispiel trifft aber nicht auf die Migrantenkrise zu.
Zweitens: Menschen in Not (für Menschen in Lebensgefahr gelten andere Prinzipien) muss geholfen werden, aber nur dann, wenn den Menschen physisch und psychisch wirklich geholfen werden kann, und wenn die Helfer selber nicht so sehr in materielle Not geraten, als vielmehr in mentale „Zwangslagen", - berechtigt oder nicht. Bedingungslose Hilfe ist nicht mehr akzeptabel, wenn die Nebenfolgen negativer sind als die Hilfe selber.

# Leszek Kolakowski gegen die deutschen Spinner

06.11.2015

Mir ist der hochgeschätzte polnische Philosoph Leszek Kolakowski lieber als unsere immer noch mächtigen deutschen Spinner. Kolakowski war der Meinung, dass jede, auch die offenste Gesellschaft, eine „Schwelle der Aufnahmefähigkeit" habe, auch „Obergrenze" genannt. Wer sie überschreite, der riskiere erhebliche Konsequenzen, wobei die Spaltung der Gesellschaft wohl nur ein Risiko unter vielen ist.

## Knieschüsse

06.11.2015

Jeder schießt sich ins Knie, so gut er kann.
Den kritisierten „Nachkommen" der Nazi-Ideologie wird nun unlogisch vorgeworfen (WELT vom 06.11.), dass sie ehrenwerte Politiker wie Merkel und Heiko Maas mit bösen Vergleichen in den braunen Schmutz ziehen. Nazi- und Goebbels-Bezüge seien erneut en vogue. Wenn die teils rechtsextremen APOs wirklich vollendete Nazis wären, dann müssten die gezeigten und mitgetragenen Bilder mit braunen Bezügen für gegenwärtige Politiker eigentlich Lobpreisungen sein. Zu allem Überfluss wird auch noch detailliert erklärt, die rechten Dumpfbacken würden gar nicht erkennen, dass ihre Gleichsetzungen mit ihren angeblichen „Freunden" Hitler und Goebbels verfehlt und absurd seien.

## 500.000 gegen den IS

06.11.2015

Mir ist unerklärlich, wieso die Weltgemeinschaft es zulässt, dass ein Haufen von Irren, der IS, uralte Weltkulturschätze zerstört. Warum wird nicht eine gemeinsame Armee von 500.000 Soldaten zusammengestellt, um überall dort, wo der IS sein blutiges und zerstörerisches Unwesen treibt, diese Unmenschen vernichtet.

## Reden und Reden

05.11.2015

Es gibt Reden und Slogans, die im historischen Gedächtnis der Welt archiviert sind, und es gibt Reden

anlässlich der Migrantenkrise in deutschen Talkshows.
Zu den wichtigen Reden gehört die berühmte Rede „Blut, Mühsal, Schweiß und Tränen" von Winston Churchill, mit der er am 13.Mai 1940 seine Landsleute auf den Kampf gegen Hitler-Deutschland einschwor.
Martin Luther King hat Bedeutendes zum Abbau der Rassentrennung in den USA beigetragen durch seine Rede „I have a dream".
Obamas „Yes we can" hat das Selbstbewusstsein der Amerikaner gestärkt.
Richard von Weizsäckers Rede zum 40.Jahrestag der Beendung des Zweiten Weltkrieges, in der er kurz nach Helmut Kohl den 08.Mai 1945 als einen „Tag der Befreiung" bezeichnete, war für viele unverbesserliche Nazis in Deutschland das richtige geschichtliche Urteil.

Bei Merkels „Wir schaffen das" ist gar nicht sicher, ob die Nachwelt diesen Slogan positiv oder negativ werten wird.

# „Analytisches" und „synthetisches" Denken

05.11.2015

Angela Merkel geht die Probleme „analytisch" an. Was heißt das? Versteckt sich hinter dieser Aussage der vielleicht begründete Verdacht, sie könne nicht „synthetisch" denken?

Wenn von Politikern offenbart wird, dass Migranten über ihre Identität zu täuschen versuchen und ihre Herkunft verbergen durch „Verlust" ihres Passes, darf man dann auch annehmen, dass einige Flüchtlinge ein falsches Land angeben und ihr Leid dramatisieren?

Wenn ungefähr 70 Prozent der Migranten aus jungen Männern um 30 herum bestehen, aber 90 Prozent als Flüchtlinge oder Asylsuchende anerkannt werden, obwohl sie selber und die Medien berichten, dass ein Großteil aus Syrien flieht, weil sie der Rekrutierung in die Assadarmee ausweichen wollen, ist es dann nicht mindestens fraglich, ob diese Tatsache mit der Asyl- und Flüchtlingsgesetzgebung übereinstimmt?

Welchen Status haben Migranten, die aus Flüchtlingslager in der Türkei, in Jordanien und im Libanon kommen?

Sind die von „Wissenschaftlern" aufgestellten Behauptungen, dass die Migranten Deutschland „bereichern" und mittelfristig sogar „finanzielle Vorteile" bringen werden, gerechtfertigt? Die erstere ist eine subjektive Aussage, denn das Gefühl der „Bereicherung" kann man nicht für andere feststellen, und der „finanzielle Vorteil" ist zweifelhaft, wenn man gar nicht wissen kann, wie viele Migranten kommen.

Ist es sicher, dass die Migranten kaum durch Kriminalität auffallen?

Stimmt die Weigerung, Obergrenzen für Flüchtlinge auch nur anzudeuten, logisch überein mit dem verzweifelten Bemühen (Merkel verhandelt mit Erdogan!) um Reduktion der Zahlen?

Die Integration von Flüchtlingen wird „uns" viel Kraft kosten. Wer ist mit „uns" gemeint?

# Migranten und Karl Martell



Hoffentlich kann die riesige Zahl der Muslime, die nach Deutschland kommen, durch unser Wertefundament umgepolt werden.

Viele Geistesgrößen der Weltgeschichte, Opfer dieser Religion in der Gegenwart und Islamkritiker mit einschlägiger Erfahrung müssten daran fundamentale Zweifel haben. Wenn man im Internet die Begriffe „Islamkritik" und „Islamfeindschaft" eingibt, dann wird man mehr als hundertfach bestätigt, dass die eigene islamkritische Einstellung nicht singulär ist oder auf Phobie und Unkenntnis beruht.

Aus Sicht der Islamaffinen gehören schon Karl Martell und Prinz Eugen in die „rechtsextreme Ecke". Wenn Karl Martell und sein Heer von 15.00 Mann im Jahre 732 bei Tour und Poitiers ein muslimisches Heer von 80.000 Mann nicht besiegt hätte, dann hätten die Muslime vielleicht ganz Europa eingenommen. Darf man Prinz Eugen, der im Großen Türkenkrieg der Habsburger 1697 eine Hauptmacht der Osmanen in der Schlacht bei Zenta (Ungarn) vernichtend schlug, Intoleranz dem Islam gegenüber vorwerfen?

Eine ungeordnete Liste lässt erkennen, dass Islamkritik keine Schande ist:

Hamed Abdel-Samad, Sabatina James, Salman Rushdie, Alice Schwarzer, Ayaan Hirsi Ali, Henryk M. Broder, Karl Marx, Ralph Giordano, Winston Churchill, Kemal Atatürk, Necla Kelek, Voltaire, Friedrich der Große, Alexis de Tocqueville, Gustave Flaubert, Mahatma Gandhi, Thilo Sarrazin, John Quincy Adams (Sechster Präsident der USA), Oriana Fallaci, Johann Gottfried Herder, Schopenhauer, Jacob Burckhardt

Blaise Pascal: „Jesus ließ sich ermorden, Mohammed ließ morden".

Um nicht einseitig zu erscheinen, zitiere ich auch einen Verteidiger des Islam: Christian Wulff

## Mein Traum

04.11.2015

Ich hatte einen Traum: Merkel hat zu Beginn der Migrantenkrise gesagt:
„Ich will nicht die rechtsextremen Unmenschen, Feuerteufel und Verbrecher durch meine Worte und Taten aus ihrem bisherigen Einschluss hervorlocken".
Da wachte ich auf und war traurig.

## Wir schaffen das!

03.11.2015

Das Diktum des Jahrzehnts von Angela Merkel: „Wir schaffen das!" wird von wohlmeinenden Kommentatoren mit dem Hinweis verteidigt: „Was sollte eine Regierungschefin denn anders sagen? Sie muss doch Optimismus verbreiten".
Also: Sie hätte auch sagen können ohne ihre Autorität zu schwächen: „Wir schaffen das so nicht! Das ist nicht mehr mein Land, wenn ich Städte, Kommunen und Landkreise dieses Chaos zumuten muss. Wir müssen den unbeherrschten Zustrom zunächst selber regeln und hoffen, dass Europa uns hilft. Zuwanderung ist uns „willkommen", aber nicht so!"
Gar viele Prognosen sind auf dem Markt. Ich wage auch eine Vermutung: Hätte sie diese Rede gehalten, dann wäre der Migrantenstrom nicht so reißend geworden und hätte sich gleichmäßiger auf andere Länder verteilt.

# Obergrenzen beim Asyl

02.11.2015

Wem soll ich vertrauen?:
Angela Merkel und den politischen Freunden „keiner Obergrenze beim Asylrecht" oder z.B. dem Staatsrechtler Rupert Scholz und dem emeritierten Professor Kai Hailbrunner, Experte für europäisches Ausländer- und Asylrecht, die beide informieren, dass das deutsche Asylverfahrensrecht unter engen Beschränkungen doch Obergrenzen zulässt und durch Europas Grenzkodex auch gedeckt ist.

# Denkmal für Schabowski !

02.11.2015

Ich fordere ein Denkmal für den großen Schabowski, der durch seinen Versprecher mit Ewigkeitswert - nur begrenzt vergleichbar mit dem kritikwürdigen Versprecher von Christian Wulff: „Der Islam gehört zu Deutschland" -, Geschichte geschrieben und ein beknacktes „Gebilde" beseitigt hat. Es gibt in Deutschland Denkmäler für viel geringere Verdienste.

# Satura lanx (Potpourri): Penisetui usw.

01.11.2015

Multikulti: Die erbitterte Identitätsdiskussion um die Fragen „Wer wir sind" und „Wer wir sein wollen" hat nur wenig zu tun mit Toleranz oder Intoleranz gegenüber Buntheit, mit Unangepasstheit, sexueller Selbstbestimmung u.ä.. Aber wie bei vielen Dingen kommt es auch bei „Multikulti" auf die „Qualität" an. Wenn Multikulti ein „Wert an sich" (Aristoteles) sein sollte, dann müssten ja auch die Papuas mit ihrem

„Penisetui", die Kopfjäger vom Stamme der Iban oder Menschenfresser „willkommen" sein. Soweit darf der Relativismus aber nicht gehen.

<u>Karl-Raimund Popper</u>: Popper hat unter dem Eindruck der beiden mörderischen Ideologien: Kommunismus und Nationalsozialismus sein berühmtes Werk „Die Offene Gesellschaft und ihre Feinde" geschrieben. Welcher Seite hätte Popper wohl den Islam und seine Islamisten Salafisten und Dschihadisten zugeordnet?

<u>AfD/Höcke</u>: Einige Kommentatoren sind geradezu beleidigt, weil Frauke Petry und die AfD-Spitze einige Positionen des thüringischen AfD-Landesvorsitzenden Höcke entschieden ablehnen. Über Bernd Höcke ist heute (01.11.) in der WamS überraschenderweise ein recht fairer Bericht erschienen: Er „ist wohl kein Nazi, wie es ihm alarmistische Entlarvungsrhetorik entgegenschreit". Er gehöre zum nationalromantischen 19. Jahrhundert.

<u>Russen</u>: So blöde und brutal, wie die Russen vom „Westen" im Syrienkrieg dargestellt werden, sind sie nicht. Denn der russische Vizeaußenminister hat den saudischen Unterhändlern eine Liste der Oppositionsgruppen überreicht, mit denen Russland im Gespräch ist. Vielleicht hat aber auch der französische Russenhasser Bernard-Henri Levy mit seiner Gegenmeinung Recht.

<u>Krieg und Frieden</u>: Es wird behauptet, „solange Krieg und Terror herrschen in Afrika und im Nahen Osten wird das Flüchtlingsproblem nicht geringer". Es gibt aber weltweit Krieg und Terror. Flüchtlinge kommen heute schon zahlreich aus dem Fernen Osten. Soll Europa alle diese Flüchtlinge aus humanitären Gründen aufnehmen?

# Das Ende von...



Die Welt ist nach Meinung einiger Forscher, Kommentatoren und Analysten an vielen Ecken am Ende, wenn das bei einer Kartoffel möglich ist:
Das Ende der Geschichte
Das Ende der Familie mit Vater-Mutter- Kind
Das Ende des Nationalstaates
Das Ende der guten Stube
Das Ende des dreigliedrigen Schulsystems
Das Ende der traditionellen Geschlechterrolle
Das Ende der traditionellen Industriegesellschaft
Das Ende der Atomwirtschaft
Das Ende des Kapitalismus
Das Ende des Sozialismus

Das Ende vom Lied

Alles hat ein Ende nur die Wurst hat zwei

# Blogs im Oktober 2015

## „Strukturelle Gewalt", Pegida und der Bundesjustizminister

29.10.15

Der norwegische Friedensforscher Johan Galtung hat den klassischen Gewaltbegriff, der vorsätzlich destruktives Handeln eines Täters oder einer Tätergruppe bezeichnet, erweitert durch die Dimension einer schuldhaften staatlich-gesellschaftlichen „Strukturellen Gewalt". Kritikwürdig an dieser neomarxistischen Richtung einer sog. Friedensforschung ist, dass der Begriff „Schuld" auf Staaten und Gesellschaften angewendet wird, die aber vor keinem Gericht wegen Ausübung einer „strukturellen Gewalt" angeklagt werden können.
Nicht vergleichbar mit Galtungs Theorie, aber vom Standpunkt des klassischen Gewaltbegriffs aus steht der Vorwurf von **Justiz**minister Heiko Maas und anderen auf ähnlich schwachen Füßen, wenn sie der gesamten Pegida, die gewiss nicht als homogene Tätergruppe bezeichnet werden kann, eine Mitschuld zumessen am Attentat auf Henriette Reker, weil Pegida die Hemmschwelle dafür senke, dass „aus Worten Taten werden".

## Migrantenkrise: „Viel Positives"

29.10.15

Gewaltig ist das Bemühen, in der Migrantenkrise „viel Positives" zu sehen. Aber noch gewaltiger sind die Beschreibungen und Warnungen vor viel Negativem gerade auch von Fachleuten.
Wer beschreibt die „Tatsachen" besser?

PS Darf es einen großen Unterschied geben zwischen juristischen, wirtschaftlichen und sozialen Argumenten einerseits und politischen Argumenten andererseits, z.B. personifiziert in Peter Gauweiler und Claudia Roth?

## Knopf, Schalter und Wasserhahn

28.10.2015

Es gibt in unserer Welt Katastrophen, die von Menschen nicht verhindert oder beherrscht werden können. Schicksalsschläge wie unheilbare Krankheiten und den finalen Schlag, den Tod. Es gibt Naturgesetze und Naturgewalten wie Erdbeben und Tsunamis. Die bekannten Tsunamis passieren auf dem Meer. Doch wir müssen gerade feststellen, dass es auch Tsunamis von unglücklichen Menschen gibt, die Schrecken verbreiten, sozusagen hors categorie, wie die Weltgeschichte meines Wissens in dieser Form noch nie gesehen hat. Sind sie selbst bei bestem Willen beherrschbar? Sie sind es gewiss nicht, wenn man die Wellen auch noch verstärkt oder die Ursache davon ist. Selbstverständlich gibt es keinen „Wasserhahn" zum Zudrehen, um den Strom zu bremsen, nachdem das Kind in den Brunnen gestoßen wurde, keinen „Knopf", den man drücken kann, um die Migrantenprobleme zu lösen. Es gibt auch keinen „Schalter", den man umlegt, um die Energie zu unterbrechen.
Aber verzweifelt gut gemeinte Vorschläge wie Waffenexporte abschaffen, Kriege beenden oder verhindern, solidarische Verteilung der Migranten erzwingen, den Wohnungsbau ankurbeln, europäische Außengrenzen sichern, Flüchtlinge in Lagern der Türkei, Jordaniens und des Libanon besser versorgen. Das sind alles Vorschläge, die die unmittelbare Not und

die Überforderung der betroffenen Länder nicht lindern können.

Das Vernünftigste, was es im Gewirr der Ideen gibt, ist meiner Meinung nach das 10-Punkte-Programm von August Hanning, dem ehemaligen Präsidenten des BND. Diese Vorschläge haben den Vorteil, dass sie schnell wirken könnten, - vielleicht sogar wie ein „Knopf", ein „Schalter" oder ein „Wasserhahn". Auch die FDP hat sich mit einem diskussionswürdigen Vorschlag zurückgemeldet. Der soll Kriegsflüchtlinge und politisch Verfolgte verwaltungstechnisch trennen.

PS Es ist leichter gegen Vernunft zu argumentieren als gegen rigorose Humanität. Der Helferhype, den wir bisher nur im Schulbereich kennen, hat sich nun auch auf die Flüchtlingskrise ausgebreitet.

## Es gibt keine Verbindung zwischen Sein und Sollen

27.10.2015

Alan Poseners Leitartikel in der WELT vom 27.10. grenzt an undifferenzierte Beschimpfung von „falschen Patrioten", die Merkels Aussage „Wir schaffen das!" kritisieren, - inzwischen korrigiert durch den Zusatz „aber nicht allein" - , und ihre Weigerung, Obergrenzen überhaupt anzudeuten, - inzwischen korrigiert durch Brüsseler Aktivitäten und einer verzweifelten Reise zu Erdogan. Sie seien kleinmütig und wenig selbstbewusst. Er vergleicht Merkels „Wir schaffen das!" erstens mit der Losung der englischen Regierung bei der „wirklich existenziellen Bedrohung" im Zweiten Weltkrieg:„Keep calm and carry on" und zweitens mit dem Slogan von „Rosie the Riveter", einer amerikanischen Werftarbeiterin:"We can do it" zur Steigerung der Rüstungsproduktion gegen Nazideutschland. Nun ist es aber so, dass beide

Losungen wirklich alternativlos waren. Denn beide Staaten kämpften gegen einen höllischen Gegner. Da musste jegliche Kritik verstummen.

Posener ortet sowohl auf der linken als auch auf der rechten Seite des politischen Spektrums „falsche Patrioten", deren Kritik ins Leere läuft, weil Deutschland mit 80 Millionen Einwohnern „weder islamisiert noch überflutet" werde. Mit Zahlen kann man spielen. Das Verhältnis von 80 Millionen zu 1 bis „?" Millionen soll lächerlich wirken. Auch eine andere Verhältniszahl soll diesen Effekt haben: „Nur" 10 Prozent der Migranten würden kriminell werden. Aber auf Deutschland bezogen wären das 8 Millionen!

Es gibt ein weiteres Problem mit Zahlen. 70 Prozent der Ankommenden sind junge Männer unter 30. Es werden aber in den Medien zu 70 Prozent Familien mit Kindern gezeigt. Der Sinn ist verständlich und ehrenwert: Das Niveau des Mitleids soll in der Gesellschaft hoch gehalten werden. Muss man da nicht aber doch um der Wahrheit willen häufiger von Migranten als von Flüchtlingen reden?

Ich sehe mich übrigens nicht als extremer „Patriot", sondern anders - und kritisiere trotzdem Merkels Politik der chaotischen Öffnung und der Verletzung von EU-Verträgen. Ich mag keine Unordnung und keine Gesetzesübertretungen. Es gibt zwar keinen „Knopf" und auch keinen „Wasserhahn", den man zudreht, um den Migrantenstrom zu reduzieren, aber der Staat muss schnellstmöglich seinen legitimen Herrschaftsanspruch des inneren Friedens wegen zurückgewinnen, den er durch vermeidbare Fehler, besonders auch von Angela Merkel, verloren hat. Ihr Lockruf schallte bis nach Afghanistan. Die Migranten wären gewiss auch gekommen, aber nicht so viele ohne diesen Ruf.

Und zum Schluss:

Befürworter und Kritiker von Merkels Kurs sollten sich nicht beschimpfen, sondern die philosophische Weisheit bedenken: „There is no way from ought to be" (Es gibt keine Verbindung zwischen Sein und Sollen). Das heißt auch, dass es über „das Sein" (die hohe Migrantenzahl) verschiedene Werturteile geben kann. Und bei Werturteilen ist nur schwer zu entscheiden, welches evident ist. Es bleibt uns leider nichts anderes möglich, als uns unsere Argumente um die Ohren zu hauen.

## Dämonisierung zum Zweiten

27.10.2015

Die Geschichte wiederholt sich doch - mit etwas anderen Vorzeichen.

Ostern 1968 kam es in Deutschland nach dem Attentat auf Rudi Dutschke, besonders in Berlin und Hamburg, zu gewalttätigen Unruhen der außerparlamentarischen Linken. In Berlin wurde das Springer-Verlagshaus angegriffen, um die Auslieferung der „Bild"-Zeitung zu verhindern.

Der intellektuelle ideologisierte Primitivling und spätere Professor Bernd Rabehl und seine Freunde gaben die Parole aus: „Der Hauptschuldige (am Attentat auf Dutschke) sitzt in der Kochstraße" (im Springer-Verlagshaus). Der Springer-Konzern wurde dämonisiert.

Jetzt wird Pegida, die rechte außerparlamentarische Protestbewegung ebenfalls unterschiedslos von Zensoren „dämonisiert" (vgl. die ostdeutschen Wissenschaftler Hans-Joachim Maaz und Werner Patzelt, die Unparteilichkeit anmahnen), und sie wird wieder von links dafür verantwortlich gemacht, dass es zu rechten Gewalttaten kommt.

Henriette Reker, die damalige Oberbürgermeister-

Kandidatin von Köln, wurde niedergestochen von einem wahrscheinlich irren Rechtsradikalen. Bundesjustizminister Heiko Maas und Freunde geben Pegida an dem Attentat eine Mitschuld, weil Pegida die Hemmschwelle dafür senke, dass aus „Worten Taten werden".
Dämonisiert mal weiter! Ihr werdet sehen, was ihr dafür bekommt.

## Zwei Fragen zur „fairen" Verteilung der Migranten

26.10.2015

Wie können die Länder, in die nach „fairen" Bedingungen die Migranten „fair" verteilt werden sollen, die genaue Zahl der Migranten kennen, da deren Gesamtzahl europaweit zurzeit doch gar nicht genau erfasst ist und für die Zukunft nicht prognostiziert werden kann?

Wie macht man den Migranten, die in Deutschland aus guten Gründen bleiben wollen, klar, dass sie nach Estland müssen?

## Wer sagt das!, nicht: Was wird gesagt?

26.10.2015

Der Ökonom Hans-Werner Sinn zählt in einem höchst lesenswerten, sachlichen Artikel in FOCUS-MONEY (21.10.2015) mit dem Titel „Alle werden ärmer" drohende Gefahren für die deutschen Sozialsysteme auf wegen der Migrantenkrise.
Verfassungsschützer befürchten den Anstieg von importiertem Antisemitismus und religiösem Fanatismus. Die Migranten kommen aus Ländern, in denen westliche Werte wie Demokratie, Freiheit und

Gleichberechtigung von Mann und Frau wenig bis nichts gelten, und sie „implementieren" kulturelle Absurditäten wie Halb- bis Ganzkörperverschleierung. Werden sie alle diese Eigenheiten in einer Art blitzartigen Mutation ablegen können?
Wenn man jetzt den Unterstützern von Merkels Politik glauben würde, dann gehören Professor Sinn und die Verfassungsschützer in die ganz rechte Ecke, dann könnte man in ihnen AfD-Mitglieder erkennen.

PS Immer wenn die Juso-Vorsitzende Johanna Uekermann oder der SPD-Parteivize Stegner etwas von sich geben, spüre ich eine cognitio ex negativo: Ich weiß dann, was richtig ist.

Auch beschleicht mich ein dunkler Verdacht: Liest Angela Merkel keine Bücher oder Artikel, die sie aber trotzdem verdammt?

## Fiktives Interview mit Frau Bundeskanzlerin

26.10.2015

Cevenole:
Möchten Sie, Frau Bundeskanzlerin, dass Ihr Lockruf „refugees welcome" etwas leiser wird?

Angela Merkel:
Nein, es bleibt bei der Willkommenskultur und bei keiner Obergrenze.

Cevenole:
Warum sind Sie dann in die Türkei gefahren?

Angela Merkel:
Weil zu viele Will-kommen sind.

Cevenole:
Ach!

## Medialer Beelzebub Putin

25.10.2015

Unabhängig von einer Bewertung von Putins Völkerrechtsverletzungen bin ich gespannt auf die Kommentare, wenn es ihm mit seiner Politik und seinem militärischen Einsatz gelingt, in Syrien Frieden zu schaffen.

PS Produziert nur Assads Armee syrische Flüchtlinge, indem sie „gegen die Zivilbevölkerung" kämpft, oder gelingt den „gemäßigten" Rebellen, anderen kleineren Milizen, Warlords und vor allem dem IS das militärische Wunder, ohne „Kollateralschäden", d.h. Opfer unter der Zivilbevölkerung zu verursachen, ihren Kampf gegen Assad zu führen?

## Geisterfahrer

25.10.2015

Merkel trifft heute in Brüssel auf zehn Geisterfahrer. Die Staats- und Regierungschefs befinden sich auf einem Kollisionskurs; denn sie wollen erst über Quoten reden, wenn die EU-Außengrenzen gesichert sind. Auch im Inland sehen Sicherheitsbehörden den Kurs von Angela Merkel zur Gefahr werden. Verfassungsschützer befürchten ein Erstarken rechtsextremer Bewegungen auf der einen und den Anstieg von importiertem Antisemitismus und religiösem Fanatismus auf der anderen Seite, zu schweigen von mittelalterlichem Kulturverständnis. Mehrere Radio-und Fernsehsender in Nah- und

Fernost verkünden aber weiterhin, dass Deutschland aus Gründen der Demographie und des Arbeitskräftemangels Zuwanderung brauche. Zuwanderer werden mit Bananen und Klatschmärschen empfangen. (Deshalb sieht Armin Laschet, (CDU-Vorsitzender in NRW), ja auch die „Willkommenskultur" ursprünglich aufsteigen aus den Tiefen der Gesellschaft). Die Kanzlerin rückt nicht ab von ihrem „Willkommen", nur wenigen sagt sie danach „Auf Wiedersehen", etablierte Parteien sträuben sich aus humanitären Gründen gegen (noch) schärfere Gesetze für Zuwanderer, Merkel wurde für den Friedensnobelpreis vorgeschlagen.
Landsleute, ergreift die Chance und marschiert los!
Der Erfolg dieser Werbung ist offensichtlich. Am Ende des Jahres werden ungefähr 70% aller Flüchtlinge in Deutschland aufgenommen sein.
Den EU-Staaten wird der Vorwurf gemacht, sich der humanitären Hilfe der gegenwärtigen Migranten und Flüchtlinge zu verschließen. Aber könnte man dann nicht auch Deutschland den Vorwurf machen, den 60 Millionen Flüchtlingen auf dieser Welt nicht zu helfen?

## Zwei Grüne: Kretschmann gegen Palmer
24.10.2015

Kretschmann kritisiert seinen Parteigenossen Boris Palmer, der eine Obergrenze in der Migrantenkrise gefordert hat. Er steht an der Seite von Angela Merkel, denn die Menschen seien nun mal da und müssten menschlich behandelt und untergebracht werden. Merkel verhalte sich richtig.
Diese Argumentation trifft Palmer gar nicht. Denn der hat gefordert, „dass gar nicht so viele da seien". Von unfreundlicher Behandlung hat er nicht gesprochen.
Auch ein weiterer entlastender Hinweis von

Kretschmann (wenn er denn von ihm stammt), dass sich Merkels Politikstil „ohne große Visionen" bewährt habe, und das sie - frei nach Karl Popper - „Stückwerk-Technologie" betreibt, - d.h. ein Problem lösen, wenn es auftritt -, missversteht Sir Karl Raimund Popper. Der hat erstens keine Visionen verboten, und seine Theorie des „Stückwerks" bedeutet nicht, dass man dabei keine Fehler machen kann, man kann Fehler nur besser korrigieren.

## AfD und Demokratie

24.10.2015

Mir erschließt sich nicht das „Verbot", die AfD zu wählen. Diese Partei verkündet auch keinen größeren Unsinn als Linke, Grüne und Teile der SPD oder CDU. Ja, sie ist in wesentlichen Aussagen von der CSU kaum zu unterscheiden.
Wenn die vereinigte Ausgrenzung auf dem politischen Kalkül beruht: „Wehret den Anfängen", dann muss man darauf hinweisen, dass eine ernst zu nehmende Definition für „Demokratie" lautet: „Die Demokratie ist eine Staatsform, in der jeder Dummkopf seine Meinung äußern darf" (sofern er nicht gegen Gesetze verstößt). Wenn das Prinzip nämlich nicht mehr gewährleistet ist, dann droht die Zensur.

## Rhetorische Blender

23.10.2015

Es ist gar nicht so einfach, im Alltagsleben und in der Politik formal-rhetorische Kompetenz und trockene, aber nachhaltige Argumentation richtig zu bewerten. Viele Experimente haben diese Zweiteilung untersucht, beispielsweise wurden drei Gruppen von Studenten gebildet, wobei eine Gruppe sinnlosen Stuss zu einem vorgegebenen Problem rhetorisch wortreich verbrämte, eine andere effektive Problemlösungen nüchtern vorschlug. Eine dritte Gruppe wurde gefragt, in welcher der gruppen sie die „intelligenteren" Studenten vermutete. Die Schwätzer siegten mit überwältigender Mehrheit.

In einem weiteren aufschlussreichen Experiment müssten zwei Gruppen gebildet werden, wobei eine Gruppe moralisch durchsetzte Nonsens-Argumente zu einem Problem vorträgt, eine andere reale Lösungen anbietet. Die Frage an eine dritte Gruppe würde dann lauten:

„In welcher Gruppe befinden sich die größeren Menschenfreunde?" Das Ergebnis wäre erschreckend.

PS Mein Favorit unter den bisher gehörten Politikwissenschaftlern, die diesen Namen verdienen, ist Professor Werner J. Patzelt aus Dresden.

Ich vermisse Beiträge zur Flüchtlingskrise von unserem Finanzminister Schäuble.

## Merkels elftes „Schaffensgebot"

23.10.2015

„Ich bin Boris Palmer", grüner Oberbürgermeister der Stadt Tübingen.

## Zwei Unwörter

22.10.2015

Zuschauer, die ein Theaterstück gesehen und es nicht verstanden haben, glauben doch Beachtliches zu sagen, wenn es für sie „bewegend" war.

Fortschrittliche Zeitgenossen, die konservative

Traditionen als langweilig erachten, empfinden Neuerungen, Unausgegorenes und „Auf-Sicht-Fahrten" als „spannend".

Besonders Fortschrittliche finden Vieles sogar „bewegend" und „spannend".

## Pegida und die Völkereinwanderung

22.10.2015

Wenn Asylgesetze und andere Verfahren bei gleicher Situation jetzt verschärft werden, dann waren sie vorher falsch.
Wenn unsere Nachbarn Angela Merkel eine Mitschuld an der Völkereinwanderung zumessen, dann ist das nicht falsch, selbst wenn argumentiert wird, dass die Massen auch ohne „Willkommenskultur" gekommen wären, - aber doch wohl nicht in dieser unbeherrschbaren Zahl. Hätte Angela als Politikerin doch besser einfach geschwiegen und ihr Mitleid in einem Kämmerlein still und heimlich ertragen. Die verbrecherischen Brandstifter hätten ein Problem verstärkter Verfolgung sein können.
Wenn der Bundestag vor einem Jahr genau so diskutiert hätte, wie in der Gegenwart, dann hätte Pegida auch nicht diesen Zulauf von ideologisch nicht verkümmerten Menschen gehabt. Diese fühlen eine „Entheimatung", eine „kulturelle Enteignung" und fürchten nach einem leidvollen Transformationsprozess nach 1989 einen weiteren negativen Prozess durch den ungeregelten Massenansturm, der ihre erworbene relative Sicherheit zerstört
(Professor Patzelt, Politikwissenschaftler in Dresden).
Es ist zwar richtig, dass in den neuen Bundesländern nur wenige Ausländer leben, aber man muss eine reale Katastrophe nicht am eigenen Leib erfahren haben, um

Furcht davor zu entwickeln. Obwohl in Deutschland keine Gletscher abschmelzen oder Küstenstreifen vom ansteigenden Meer überflutet werden, kann man vor dem Klimawandel Angst haben. Man muss auch nicht in Duisburg-Marxloh oder Berlin-Neukölln wohnen, um solche „No-go-areas" nicht haben zu wollen.

Wenn der Winter-Abschiebestopp für Flüchtlinge jetzt ausgesetzt werden soll, dann hätte er für Flüchtlinge, die aus Ländern kommen, wo es gar keinen Winter gibt, bereits lange vorher ausgesetzt werden können.

## Nationalkonservative

22.10.2015

Sind in einer Demokratie Nationalkonservative Aussätzige, die mit allen Mitteln ausgegrenzt werden müssen?

Wenn die AfD-Vorsitzende Frauke Petry in Illners Talkshow Argumente vorbringt, die auch Mitglieder etablierter Parteien für gut befinden, und nur wenige Zuschauer klatschen, dann kann das nur daran liegen, dass die Zuschauer der Diskussion nicht folgen konnten, oder dass ihnen Angst eingejagt wurde, einer allgemein ausgegrenzten Partei Beifall zu spenden.

## „Rechts" und „links"

21.10.2015

Überall, wo in Europa sogenannte „rechte" Parteien erstarken und Regierungen bilden, warnen die deutschen Medien implizit und explizit vor diesen gefährlichen Schmuddelkindern der Weltgeschichte. Man sollte aber nicht vergessen, dass es neben Hitler auch Stalin und Mao gegeben hat.

Gefahr wird zurzeit für Polen entdeckt, weil dort die Jungwähler nach „rechts" driften. Dabei sei „klar", dass

rechts in Polen „vor allem bedeutet, patriotisch, antikommunistisch und in einem traditionellen Sinne christlich beziehungsweise katholisch zu sein" (Gerhard Gnauck in der WELT vom 21.10.2015).
Zu einem sehr hohen Prozentsatz sind diese rechten Wähler auch antiislamisch. Wenn das alles „rechts" sein soll, was ist dann „links"?

## Christengott, Allah und muslimische Flüchtlinge

20.10.2015

Auf der Reklametafel einer katholischen Kirche in Hamburg steht geschrieben: „Keine Sorge: Es gibt Gott". Da muss man doch angesichts des Flüchtlingselends dennoch die unbeantwortbare Frage der Theodizee stellen. „Warum lässt Gott den „Vorhof zur Hölle" für die Migranten und Flüchtlinge auf dem Balkan zu?"
Die Christen in unserem Lande fordern, dass den armen muslimischen Menschen geholfen werden müsse. Warum entlassen sie ihren Gott aus der Pflicht?
Und wo hat Allah sich versteckt?
Warum müssen immer nur Menschen helfen?
Amen

## Böse und gute Gerüchte

20.10.2015

Es ist wahrlich widerlich, wie in den sozialen Medien gegen Flüchtlinge und Migranten gehetzt wird und sich unmenschliche Gerüchte verbreiten. Dieser Fremdenhass darf nicht political correct werden.
Andererseits gibt es aus Fremdenliebe und Humanität aber auch Gerüchte und Falschmeldungen über den

„rettenden" (vor den Deutschen) Heiligenschein, den Zugewinn und das positive Veränderungspotenzial der zuwandernden Massen.

Besonders zeichnen sich bei diesen „guten" Gerüchten Journalisten und Politiker mit ihrer bloßen Meinung aus gegen Fachleute, die wenigstens mit berechnetem Wissen argumentieren. Auch maßlose Fremdenliebe hat ihre gesellschaftlichen und ethischen Probleme, und sie kann und darf sogar mit anderen ethischen Grundannahmen kritisiert werden.

## Merkel, die Türkei und die Western-Union-Filiale

19.10.2015

Wenn der Flüchtlingstsunami ein europäisches Problem ist, wie Merkel behauptet, warum wollen die meisten Flüchtlinge und Migranten dann nach Deutschland, und warum verhandelt allein Merkel mit Erdogan und kein anderer Politiker aus der EU, z.B. Martin Schulz, oder der präsidiale Rollerfahrer Holland? Denn das Ziel ist offenbar, die Türkei als Grenzschützer zu gewinnen, was der beseitigte Gaddafi für Europa auch gewesen ist.

Und eine weitere bisher nicht gestellte Frage: In einem Belgrader Zeltlager wollen die Migranten nach Aussagen eines serbischen Helfers in der Nähe der Western-Union-Filiale bleiben. „Dort holen die Syrer, Iraker und Afghanen dringend benötigtes Geld ab, das ihnen die Verwandten aus der Heimat hinterherschicken für die Weiterreise". Bleiben die „traumatisierten" Verwandten also in der „Hölle"?

Ich bin nicht bar jeglicher Empathie oder jeglichen Mitleids. Ich möchte nur nicht durch emotional aufgeladene Berichte und Analysen erschüttert werden. Ich suche mir aus verschiedenen Quellen für mich plausible Fakten heraus, um mir ein eigenes Bild zu machen.

## Moral allein reicht nicht

18.10.2015

Moral allein ist noch kein Garant für optimale politische Lösungen. Deutschland allein hat eine „Willkommenshysterie" über den Erdkreis verbreitet und eine Wanderungslawine losgetreten. Jetzt wird geklagt, dass Deutschland allein den ungebremsten Zustrom nicht bewältigen kann. Europa und „dunkle Mächte" wie die Türkei und Syrien sollen helfen. Merkel und ihre Anhänger sehen sich gezwungen, auch mit ehemals politischen Unpersonen zu verhandeln. Denn die Flüchtlinge und Migranten, - die übrigens auch aus vorhandenen Lagern kommen, wo ihnen keine Bomben auf den Kopf fallen -, sollen nicht erst an deutschen Grenzen abgewiesen werden, sondern bereits weit im Osten. Die Türkei soll helfen, dass verirrte deutsche Politiker ihr Gesicht wahren können. Da kann Merkels Diktum: „Wir schaffen das!" doch nicht richtig sein. (Sie hat es ja auch schon abgeändert in: „Wir schaffen das, aber nicht allein"). Doch ihr neu ernannter treuer, schwergewichtiger Flüchtlingskoordinator versucht diesen Spruch immer wieder wortreich und ohne Luft zu holen in Talkshows zu verteidigen. Ihm und vielen anderen: Angela Merkel, Sigmar Gabriel, Cem Özdemir, Volker Kauder, Claudia Roth, Volker Beck, den linken Grünen, den Linksliberalen, den grünen Linken, den verbohrten Christdemokraten ist zu empfehlen, den kenntnisreichen Artikel von Rupert Scholz im FOCUS vom 17.Oktober zu lesen, worin er eindeutig nachweist,

dass auch das Asylrecht Obergrenzen kennt. Ebenso klug, realitätsnah und lesenswert in derselben Ausgabe sind die Interviews mit Viktor Orban, den die Linken in Europa, besonders auch in Deutschland, geradezu mit Hass verfolg(t)en, und Heinz Buschkowsky.
O Weltgeist, lass diese Analysen in die verwirrten Gehirne Ordnung bringen!
Jeder einzelne Flüchtling muss unser aller Mitleid erregen, die rund eine Million Migranten auch unser Mitgefühl, aber - die unbeherrschbare Masse beunruhigt nicht nur mich.

## Staat und Individuum

17.10.2015

Das christlich-ethische Gebot: Wenn Dich ein Aggressor auf die eine Wange schlägt, dann halte ihm auch die andere hin, kann nur für den einzelnen Menschen gelten. Kein Staat darf von seinen Bürgern in rigoroser Moral verlangen, dass sie „dem Übel, das ihnen von einem bösen Menschen zugefügt wird, nicht widerstehen sollen". Für Politiker und Staaten gilt umgekehrt der Satz: Du sollst dem Übel gewaltsam widerstehen, sonst - bist Du für seine Überhandnahme verantwortlich.
In der aktuellen Migrantenkrise geht es auch um eine ethisch-gesellschaftliche Entscheidung, nicht um klassische Aufgaben des Staates. Der Staat allein mit Angela Merkel an der Spitze kann von seinen Bürgern nicht kollektiv erwarten oder sogar verlangen, dass sie Wohlstand teilen müssen, und er kann auch nicht kollektiv erwarten oder sogar verlangen, dass sie jede Masse und jede Form von kultureller Fremdheit ertragen müssen. Das bleibt der individuellen Entscheidung der Bürger überlassen.

# Die Begriffe „kippen"

17.10.2015

In zwei WELT-Artikeln vom 17.10. liest man Überraschendes:
In einem gibt es ein Hapax legomenon (griech.), d.h. zum ersten und bisher einzigen Male wird von „linkspopulistisch" gesprochen, wo doch sonst in den deutschen Medien eher die „Rechtspopulisten" die Welt durcheinander bringen. „Die „linkspopulistische" Regierung unter Premier Robert Fiko (Slowakei) schürt diese Ängste noch (vor den Migrantenzahlen) und gibt sich in den Verhandlungen in Brüssel beinhart".
In einem zweiten Artikel überwiegen für den Zustrom nach Europa die Begriffe „Migranten" und „Migrationspolitik" gegenüber dem emotionsbeladenen und Mitleid erregenden Begriff „Flüchtling" (aus der Hölle kommend). Siegt da etwa die Ehrlichkeit?
Und seit kurzer Zeit ist auch der Begriff „Schlächter" für Assad aus dem Vokabular von Journalisten und Politikern verschwunden, da man sich vorstellen kann, mit Assad eine Übergangsregierung zu bilden, damit Syrien als Staat nicht gänzlich zerfällt. Nur in Ägypten bleibt bisher alles beim Alten. Der Sturz des „diktatorischen Demokraten" und Muslimbruder Mursi wird latent bedauert, weil der „Generalfeldmarschall" al-Sisi kein Garant ist für eine Demokratie wie die Schweiz.

# Cui bono?

17.10.2015

Warum eigentlich, sagte sich der „Spiegel", soll das Sommermärchen von 2006, das als ein immenser Imageaufwerter für Deutschland im weltweiten Ansehen gilt, diese positive Bewertung im Gedächtnis der Menschen behalten, wenn es um die Wahrheit geht? Deshalb verbreitet das Magazin jetzt mit einem unbestätigten Bericht böse Gerüchte, es sei Geld aus einer schwarzen Kasse des Bewerbungskomitees geflossen. Die bekannte erste Frage bei einer Recherche, wem das Verbrechen nützt (Cui bono?), kann man bisher nur vage beantworten. Sicher aber hat der „Spiegel" einen großen Nutzen davon und vielleicht auch die „Wahrheit", die ich Strolch in diesem Falle aber gar nicht wissen will.

## Islamophobie

16.10.2015

Ich bin nicht islamophob, d.h. ich habe keine Angst vor Muslimen. Aber ich mag orthodoxe und missionarische Muslime mit ihrer vormodernen Kultur nicht und kann nicht erkennen, dass sie mir einen Mehrwert für mein Leben bringen.
Ich finde es auch sehr bizarr, dass „gemäßigte" Muslime, die „gemäßigte" Ideen verkünden, so hoch gelobt werden. Denn bei diesen „gemäßigten" Ideen handelt es sich meistens um westliche Werte, die hier häufig nach schweren geistigen Kämpfen gelten.
Auch nach intensiver Suche und mehreren Seminaren zum Islam habe ich keinen islamischen Denker entdeckt, der den europäischen Philosophen, Historikern und Literaten das Wasser reichen könnte.

## Das Rollenspiel

16.10.2015

Gegen moralisch rigoros vorgetragene Begründungen in der Migrantenkrise mit Formulierungen und Begriffen wie „Menschenrechte, Schutzbedürfnis, die aus der Hölle kommen, Schlauchboote, reiches Land, es geht um Menschen" kann man nur schwer argumentieren. Man gilt schnell als mitleidslos und als Bayer.

Es bleibt aber ein Hoffnungsschimmer. Die reale Notlage in den Aufnahmestätten verändert auch die Argumentation ehemals optimistischer Superhumanisten. Diese Entwicklung kann noch beschleunigt werden. In Rhetorikkursen und im Schulunterricht gibt es das erkenntniserweiternde Training des Rollenspiels. Daher schlage ich vor, dass die verantwortlichen und teilweise überforderten und verzweifelten Kommunalpolitiker ihre Rollen tauschen mit den Politikern, die immer noch der Meinung sind, dass die massenhafte, bisher ungeregelte Einwanderung kein wirkliches Problem darstellt, sondern nur zügiger und „flexibler" gelöst werden muss, und davon raunen, dass Deutschland „ein ganz anderes Land" werde.

Und als Höhepunkt sollte Angela in Bayern ihr Wesen treiben und Horst in Berlin für Unruhe sorgen. Dann könnten wir uns an der überraschenden Situation erfreuen: „Seehofer wirbt, Merkel wettert".

## Der Buddhismus gehört zu Island

14.10.2015

Aus Vientiane/Laos soll ein Ehepaar mit fünf Kindern nach Island eingewandert sein. Wie konnte es anders sein - viele Rechte regten sich darüber auf. Die Diskussion beendete der isländische Ministerpräsident Gunnlaugsson mit dem Toleranzedikt: „Der Buddhismus gehört zu Island!"

Diese Nachricht ist nicht ganz gesichert. Aber sicher ist die Freude darüber, dass mit der Türkei jetzt neben Albanien und Deutschland ein drittes islamisches Land zu den Europameisterschaften nach Frankreich fahren darf.

# Ab ins Paradies



Eine mir bisher unbekannte Martina Meister tritt viele französische Intellektuelle in einem Artikel der WELT vom 14.10. fröhlich in die Tonne, weil diese den Fluchttsunami nicht positiv sehen, darunter Alain Finkelkraut (sic!) und Michel Houellebecq. Allen diesen pessimistischen Philosophen und Literaten stehen ihrer Meinung nach wahrscheinlich die deutschen Geistesheroen wie Claudia Roth, Schäfer-Gümbel, Göring-Eckhardt und viele andere Walhalla-Aspiranten gegenüber und auch leider Thomas Schmid in derselben Ausgabe der WELT - im Rahmen eines hochintellektuellen Großhirngespinst - , die behaupten, Europa sei ein Einwanderungskontinent, er werde es bleiben, kein politisches Kraut sei dagegen gewachsen. Klassische Einwanderungsländer, wie die USA, Kanada und Australien, haben
„politisches Kraut" zur Verfügung gehabt, um ihre Einwanderung vernünftig zu steuern und sich nicht - durch politische Reklame veranlasst - überrennen zu lassen. Außerdem will ganz Europa gar kein regelloser Einwanderungskontinent sein, wie Michael Stürmer ebenfalls in der WELT vom 14.10. berichtet: „Die deutsche „Willkommenskultur" nötigt Briten und Franzosen, von anderen zu schweigen, offenen Hohn und den Verweis ab, Europa sei eine Rechtsgemeinschaft, und daran möge man sich auch in Berlin bitte wieder halten".

Was fällt den deutschen Politikern eigentlich ein, vielen Kommunen und Städten in unserem Land ein unfassbares Chaos zu bescheren nach dem halbirren Motto: Wer kommt, ist zunächst willkommen. Andere

Länder sollen verhindern, dass diese Massen kommen, und die deutschen rund 3.000 km Außengrenzen können nicht geschützt werden, wohl aber die viele Tausend Kilometer Außengrenze der EU.

## Deutschland braucht die CSU

12.10.2015

Die euphorische Stimmung, als guter Mensch zu gelten und es auch wirklich zu sein, materielle Güter zu verschenken, mit Taten bis zur Erschöpfung zu helfen, an Dankkonzerten mit Gänsehautmusik und - texten teilzunehmen, sich europäischen Nachbarn moralisch überlegen zu fühlen, mit unglücklichen, verzweifelten, armen Menschen zu kommunizieren und in unschuldige Kinderaugen zu schauen, ist ganz sicher eine positive Entwicklung in einer von Langeweile gequälten Überflussgesellschaft, die plötzlich fühlt, dass es im Leben noch andere wesentliche Qualitäten gibt.
Zu konkreten aktuellen Problemlösungen, die die Völkerwanderung dem Staat aufzwingt, braucht Deutschland aber auch die CSU.

## Der Entschuldungsreflex

12.10.2015

In Diskussionen und in den Medien, in denen es um „Flüchtlinge" und den Islam geht, trifft man sehr häufig auf einen unverständlichen Entschuldungsreflex einiger Deutscher:

Die Mutter aller Entschuldungsreflexe älteren Datums, besonders bei den Grünen und ihren Sympathisanten auftretend:
„Die Demonstration wurde erst gewalttätig, als die

Polizei zu brutalen Mitteln griff".

„Auch die Christen haben entsetzliche Gräueltaten begangen" ist ein Reflex auf die Anklage, dass die Islamisten, Dschihadisten und der IS unmenschliche Verbrechen begehen.
„Auch in der Bibel finden Sie Stellen größter Brutalität", wenn man aggressive Suren zitiert.
„Man kann die Grenzen in Europa nicht schließen": Wie haben die Staaten vor Schengen ihre Grenzen geschützt?
„Die große Enge in den Flüchtlingsunterkünften ist der Hauptgrund für Gewalt und Schlägereien" vs. „Wir müssen die Migranten und Flüchtlinge nach Religion, ethnischer Herkunft und kultureller Sozialisation trennen".
Wird es also keine Gewalt mehr geben, wenn man Lager mit Insassen homogener Kultur bei gleicher Fülle schafft - oder - wenn man die Enge für religiös und ethnisch unterschiedliche Menschen beseitigt?
„Sexuelle Gewalt ist kein Merkmal der Kultur in den Herkunftsländern der Flüchtlinge". Als es in Indien Massenvergewaltigungen mit Todesfolge gegeben hat, da haben Soziologen das katastrophale Frauenbild in Indien verantwortlich gemacht, Auch die islamischen Länder sind nun wahrlich keine Matriarchate.
„70 Prozent der „Flüchtlinge" sind junge Männer unter 30". Sollte man nicht ehrlicherweise auch verstärkt von „Migranten" reden? Wo sind denn die anderen Menschen geblieben, die auch unter Kriegsgräuel und anderer Not leiden?
„Viele Gläubige und Terrorbanden, die sich auf den Islam berufen, vertreten gar nicht den „wahren" Islam. Denn der ist barmherzig". Das nun ist ein ganz schwacher Trost für die vielen Opfer.

# Kants „Kategorischer Imperativ"

11.10.2015

Kant hat seinen Kategorischen Imperativ: „Handle so, dass die Maxime deines Willens jederzeit als Prinzip einer allgemeinen Gesetzgebung gelten könne" nicht als zwanghafte Handlungsanweisung für alle relevanten Alltagssituationen gemeint, sondern als Ausgangsbasis für unangreifbare Moralgesetze. Im Alltag würde dieser Imperativ uns Menschen überfordern.

Offensichtlich hat das jetzt auch Angela Merkel eingesehen, da sie einen Teil ihrer politisch gefährlichen Hypermoral in andere Länder transferiert, die die Migranten und Flüchtlinge behalten oder am Zustrom nach Deutschland und Europa hindern sollen.

# Fünf Fragen: Veganer - Rechtspopulisten - Abschottung - Syrien

11.10.2015

Warum muss die Nahrung der Veganer zum Teil wie Fleisch aussehen?

Warum gibt es nur Rechtspopulisten, nie Linkspopulisten?

Warum will Merkel die „Abschottung" gegen die Völkerwanderung der Türkei, nordafrikanischen Länder u.a. übergeben?

Welche Ziele hatten die „moderaten Rebellen" zu Beginn des „Arabischen Frühlings" in Syrien?

Welcher irre General von Assads Truppen lässt Fassbomben nur auf die Zivilbevölkerung werfen?

# Claudia Roth

Claudia Roth sollte allmählich einsehen, dass sie als linkspopulistische, clowneske Emotionsnudel in Talkshows missbraucht wird, um Experten und Zuschauer zu ärgern, z.B. wenn sie Horst Seehofer als „unanständig" bezeichnet, als ob er ein krimineller Pinkler wäre, undifferenziert über Migranten und Flüchtlinge von „Menschen in Not" redet, den Ungarn „staatlichen Rassismus" vorwirft, in Europa einen „Wettlauf der Schäbigkeit" erkennt, allen, die „Asyl" sagen können, ein rechtsstaatliches Verfahren zukommen lassen will, in den Balkanländern keine sicheren Herkunftsländer sieht, auch in der Türkei nicht, die sie noch vor Monaten möglichst schnell in der EU sehen wollte, um sie disziplinieren zu können.

Ich bin froh, dass mich diese geräuschvolle Frau mit ihrer Verbalmoral nicht zum Klatschen verführen kann. Ein Staat kann auch von unbarmherzig guten Menschen an die Wand gefahren werden.

## Taschenlampen und Leuchttürme
10.10.2015

Wie immer im menschlichen Leben gibt es auch bei dieser krisenhaften Völkerwanderung Leuchttürme, nach denen man sich richten kann, um nicht auf den Klippen zu landen. Deshalb bin ich der WELT vom 10.10.15 dankbar, dass sie Leuchttürme und Taschenlampen vergleichend zusammenordnet.
Meine Leuchttürme in diesem Chaos sind Stefan Aust, Heinz Buschkowsky, wie immer Michael Stürmer, wie seltener Andrea Nahles und einige Realos aus Wirtschaftsinstituten. Leider habe ich bisher noch keine Analyse von Hans-Werner Sinn vom IfO-Institut

entdecken können.

Es gibt aber auch viele Taschenlampen. Dazu gehört leider auch Julia Klöckner. Sie verteidigt den Optimismus der bedeutendsten Taschenlampe, Angela Merkel: Ihr Optimismus sei in der gegenwärtigen Situation ohne Alternative. Das ist richtig - nachdem sie das Chaos mit verschuldet hat! Dazu stellt Michael Stürmer nämlich die richtige Frage:

„Hat die Bundeskanzlerin, als sie die Willkommenskultur ausrief über den Erdkreis, den Cyberspace das Gesetz der unbeabsichtigten Folgen vergessen? (Auch der stammelnde Schabowski habe eine „Völkerwanderung" bewirkt) Deutschland hat sich, was jeder deutsche Kanzler sorgsam vermied, auf einen Sonderweg begeben".

Und er benennt auch klar und deutlich die schwächste Lichterkette: „Die rot-grüne Aversion, Existenz und Notwendigkeit einer Deutschen „Leitkultur"... anzuerkennen und deren ausgesprochene und unausgesprochene Voraussetzungen zu vermitteln, lässt nichts Gutes erwarten".

## Wollen wir das schaffen?

09.10.2015

Die Kanzlerin wird für ihre Performance in der Talkshow von Anne Will allgemein gelobt. Leider ist sie nicht gefragt worden, warum gerade Deutschland so große Probleme mit der Völkerwanderung hat. Die Bundeskanzlerin hat zu Recht behauptet, dass das deutsche Asylrecht keine Obergrenze kenne. Leider ist sie auch nicht gefragt worden, warum dieses Recht nicht wenigstens für kurze Zeit geändert werden kann, wenn im Staate Unruhen und Chaos drohen.

Angela Merkel betont mit großem Optimismus immer wieder, dass wir bei gutem Willen und kreativer

Flexibilität die Migranten- und Flüchtlingskrise beherrschen können. Ihr Satz: „Wir schaffen das" könnte es zum Jahrhundertzitat bringen. Warum hat Anne Will sie nicht gefragt, wie sie sich gegenüber den Bürgern verhalten will, die sagen: „Wir wollen das gar nicht schaffen".

Erkennbar ist in dieser „Willkommenskrise" das unwiderstehliche politische und psychologische Prinzip: Man mache als Politiker einen großen Haufen Unsinn und paniere diesen mit gültigen „Axiomen" der Morallehre, dann ist es ziemlich sicher, dass man damit im entstehenden Mainstream schwimmt. Keiner will ja als unmoralischer Mensch verurteilt werden

## Traue keiner Statistik...

08.10.2015

Die syrisch-deutsche Bürgerrechtsorganisation „Adopt a Revolution" hat eine Studie durchgeführt, in der 900 syrische Flüchtlinge nach den Ursachen ihrer Flucht befragt wurden.

Die meisten Flüchtlinge (70 Prozent) haben nach Befragung noch mehr Angst vor den Truppen des „Schlächters" als vor dem IS (32 Prozent). Welche Höllenqualen können noch grausamer sein als das Kopfabschneiden? 18 Prozent flieht vor der vielgelobten Freien Syrischen Armee und 13 Prozent geben als Hauptgrund materielle Not an. (Zahlen aus der WELT vom 08.10.15) Das sind zusammen 133 Prozent!!!

Skeptisch darf man auch sein, ob die 900 Syrer „wahre" oder „gefälschte" Syrer waren. Und man sollte auch mal eine Befragung durchführen, warum noch ein paar Syrer im Machtbereich des „Schlächters" ausharren.

# Merkels „historische" Rede vor dem EU-Parlament

08.10.2015

Angela Merkel betonte gestern vor dem EU-Parlament, dass Abschottung Verrat an Europas Werten sei. Wenn man ihre Aussagen richtig interpretiert, dann ist sie auch trotz anderslautender Bekenntnisse ihrerseits für eine Begrenzung des ungeordneten Zustroms. Aber das muss Europa intelligenter und subtiler schaffen als Mauern zu bauen. Europa soll den Ländern, in denen sich Tausende Flüchtlinge auf eine Flucht nach Europa vorbereiten, Milliarden zur Verfügung stellen, damit sich die Flüchtlinge in den dortigen Lagern wohler fühlen und dort bleiben, z.B. in der Türkei. Außerdem muss Europa dafür sorgen, dass die Fluchtursachen beseitigt werden, z.B. in Syrien. In diesem geschundenen Land bombt die Welt seit langem durcheinander: Jordanien, Frankreich, Russland, tollwütige Milizen, der IS und die Armee des „Schlächters", den der Westen beseitigen möchte. Das erinnert stark an den Orkan der deutschen und europäischen Medien für den Sturz Gaddafis. Das Ergebnis ist ein zweigeteiltes, von Milizen beherrschtes chaotisches Libyen, aus dem Flüchtlinge ohne Hindernisse über das Mittelmeer kommen.
Will Merkel jetzt ein europäisches Kontingent schicken, das mit Beethovens „Ode an die Freude" auf den Lippen in Syrien für Frieden sorgt?

# „Moderate" Rebellen und die 30. Division

07.10.2015

Die Aussage, dass die USA „moderate" Rebellen in

Syrien ausbilden und mit Waffen versorgen, wird häufig gegen die militärischen Aktivitäten der bösen Russen in Stellung gebracht. Was steckt dahinter? :

Ein geheimnisvoller Ahmed erklärt uns das in einem WELT-Artikel vom 7.10.15. Er habe sich der 30. Division von „moderaten" Rebellen angeschlossen. Ehrfurchtsvoll überlegt man, dass sich da eine Masse von Kämpfern gegen Assad versammelt hat. Denn wenn es eine 30.Division gibt, dann sollte es auch eine 5., 12. und so weiter Division geben. Und eine Division besteht üblicherweise aus ca. 10.000 bis 30.000 Soldaten. So ist es aber laut Ahmeds Schilderungen gar nicht! Er und 53 (sic!) trainierte Kameraden der 30.Division sind aus der Türkei nach Syrien geschickt worden. Sie kamen aber nie an der Front an, weil ein Teil der Soldaten desertierte und der Rest vor der Nusra-Front floh.

Über weitere undurchsichtige bis lächerliche Aktivitäten der Amerikaner heißt es: „Die USA hatten ursprünglich jedes Jahr 5.000 Rebellen für den Kampf gegen IS trainieren wollen. Am Ende wurden es gerade einmal 129". Und diesen wenigen „moderaten" Rebellen wurde es auch noch verboten, gegen das Assad-Regime zu kämpfen (ach!).

Wenn das alles wahr ist, was Ahmed berichtet, dann kann man nur hoffen, dass die Russen mit ihrer einfachen Strategie, den IS und andere Rebellen zu bekämpfen, Erfolg haben, selbst wenn sie nur aus Eigeninteresse für die Marinebasis Tartus Krieg führen. Wenn das geschafft ist, dann kann man die UNO einschalten, um in Syrien erträgliche staatliche Strukturen aufzubauen.

Jetzt warte ich auf einen Bericht von Ali oder Ahmed, der mir erklärt, welche Vorstellungen und Ideen „moderate" Rebellen vertreten.

## Hat „die mächtigste Frau der Welt" überhaupt Kleider an?

07.10.2015

Meine Zweifel verstärken sich, ob „die mächtigste Frau der Welt", die Bauchphysikerin Angela Merkel, die angeblich Problemlösungen „vom Ende her" bedenkt, diese Hochschätzung verdient:
Sie hat Helmut Kohl, ihren Mentor, recht unrühmlich abgesägt.
Sie hat Deutschland und unseren Nachbarländern durch ihren panikartigen Atomausstieg mit Energiewende ein kostspieliges Durcheinander beschert.
Sie ist offenbar, ohne jeglichen Zweifel zu hegen, für einen Bundesstaat Europa.
Sie hat in der Griechenland- und Eurokrise so viele und so schnelle Drehungen vollzogen, die schwindelig machen müssten.
Und ihre letzte (Un)tat: Sie hat eine chaotische Migranten- und Flüchtlingskrise angezettelt, die wir und unsere Nachbarn ausbaden müssen.

Meiner Meinung nach hat sie einen Striptease hingelegt und hat nicht mehr als Unterwäsche an.

## Der Islam gehört nicht zu Deutschland

07.10.2015

Nach einer repräsentativen Umfrage des Instituts für Demoskopie Allensbach stimmen nur 22 Prozent der Deutschen dem Versprecher a la Schabowski zu, der Christian Wulff entfleucht ist. Als vernunftbegabtes Wesen konnte er nur gemeint haben: Die Muslime gehören zu Deutschland.
Warum sollte die Prozentzahl auch höher sein, da doch

kaum ein islamisch geprägtes Land Frieden in den eigenen Grenzen schaffen kann?
Warum sollten Muslime mit einer solchen Sozialisation friedlich in Deutschland leben?

## Veränderung zum Besseren?

05.10.2015

Rot, Grün und Schwarz versichern uns einmütig, dass die Völkerwanderung von 90 Prozent größtenteils junger männlicher Muslime Deutschland verändern wird, und zwar zum Besseren. Ich möchte aber gar nicht zum Besseren verändert werden, sondern hänge am Guten. Worin denn besteht das „muslimisch Bessere" kulturell oder lebenspraktisch, welches uns versprochen wird?
Und Mitschuld an dieser Jahrhundertkrise tragen die „Claudia-Roths im Geiste", die noch niemals eine praktische, vernunftbasierte, politische Lösung zustande gebracht haben.

## Ist Allah ein Plagiator?

05.10.2015

Wenn es wahr ist, dass im Koran das direkte Wort Allahs Mohammed offenbart wurde, und wenn es richtig ist, dass viele Gedanken des Judentums und des Christentums in den Islam übernommen wurden, dann ist Allah logischerweise ein Plagiator.

## Die „legitime syrische Opposition"

05.10.2015

Nach Meinung von David Cameron greift Russland nicht nur den IS an, sondern auch die „legitime syrische Opposition". Auch Barack Obama wirft

Moskau vor, nicht zwischen dem IS und den gemäßigten Aufständischen zu unterscheiden.

Wer gehört zu dieser schützenswerten Opposition in Syrien? Ist es die Gruppe Ahrar al-Sham mit Verbindungen zur al-Qaida, ist es die Nusra-Front, ein Ableger von al-Qaida, sind es tschetschenische Islamisten oder die Islamische Front, sind es Einheiten der Freien Syrischen Armee, von den USA teilweise trainiert und ausgerüstet, sind es turkmenische Oppositionsgruppen?

Welche Gruppe von diesen „sympathischen" Kämpfern soll eine friedliche syrische Regierung bilden?

## Leicht, aber schwer

04.10.2015

Es ist leicht, in allgemeiner Euphorie , bei Klatschspalieren und Kuscheltieren als Politiker, Journalist und Bürger optimistisch zu sein.

Es ist aber schwer, in dieser Situation als Politiker, Journalist und Bürger seine Bedenken zu äußern.

Da die chaotische Situation durch die Masse der Migranten allen Verantwortlichen über den Kopf wächst, ist es leicht, pessimistisch zu sein.

Es ist aber schwer, in dieser Stimmung optimistisch zu bleiben.

Die Bürger sollten auch in dieser Krise nur solchen Politikern und Journalisten vertrauen, die ihre zutreffende Prognosefähigkeit bewiesen haben.

## Volker Becks Themenkanon

03.10.2015

Volker Beck freut sich auf Twitter, dass sich ein weiterer Schwuler - diesmal ein bedeutender Theologe aus dem Vatikan - der Schwulengemeinde

angeschlossen hat. Bei diesem Thema kämpft er in
vorderster Front.
Aber auch in der Migrantenkrise erhebt er seine
Stimme und kritisiert die Bundesregierung wegen
angeblich zu unmenschlicher Entscheidungen. Mit
theologischem Schwermut und traurigen Augen
schließt sich seine Parteifreundin Göring-Eckardt
dieser Meinung an und macht die Verantwortlichen
moralisch fertig.
Unermüdlicher Kampf für Homosexuelle und
moralische Überheblichkeit im Einsatz für Migranten
sind Volker Becks politische Schwerpunkte. Oder ist er
noch weiteren Zielen für Deutschland verpflichtet,
vielleicht für weichere Sitzgelegenheiten im
Bundestag?

## Freude über die Größe des Problems

03.10.2015

Die Skepsis über die Aufnahmefähigkeit der Migranten
wächst angesichts des unverminderten Zustroms
allmählich auch bei anfänglichen naiven Optimisten. Es
gibt aber auch weiterhin Politiker, die sich über die
„Größe des Problems" offensichtlich freuen. Das
erinnert stark an Masochismus, der im Schmerz über
das Chaos pathologische Freude empfindet, und an
den Wunsch nach Vorbild und Geschichtsbuch.

## Skepsis-Splitter

01.10.2015

Wieso liegt der „Ursprung der Krise in Syrien" (George
Soros), wenn mehr als 40 Prozent der Migranten aus
„sicheren" Balkanstaaten kommen und die Zahl der
„wahren" Syrer nur schwer zu ermitteln ist?
Wer weiß genau, welche Gruppen Putins Bomber

angegriffen haben? Sind die Quellen Geheimdienste oder allein Khaled Khudscha, Vorsitzender eines syrischen Oppositionellenbündnisses? Die Einflusssphären der Opposition, des IS und anderer islamistischer Terroristen werden in verschiedenen Medien ganz verschieden dargestellt. Auch die riesigen Rauchwolken, die im Fernsehen gezeigt werden, lassen vermuten, dass nicht nur Wohnviertel getroffen wurden. Und welche Ziele haben eigentlich die französischen Bomber getroffen?

Hartnäckig wird in Deutschland von „Flüchtlingen" geredet - wahrscheinlich um das Niveau des Mitleids, das in dieser selbstverschuldeten, chaotischen, unerträglichen und unregelbaren Situation bitter nötig ist. In Frankreich hingegen in den Zeitungen, die ich gelesen habe (Figaro, Liberation, Dauphine), weit häufiger von „Migranten"(migrants) und nicht von „Flüchtlingen" (refugees). Das dürfte der Realität mehr entsprechen.

Eine großartige skeptische Frage stellt Tilman Krause in der WELT vom 1.Oktober:" Was bieten uns Muslime, das uns kulturell beziehungsweise lebensweltlich weiterbringt?" Wieso gehört kein islamisch dominiertes Land zur Avantgarde der Völker? Weil der Blödsinn, an den Muslime glauben und in ihrer Lebenswelt praktizieren, schon vor tausend Jahren veraltet war. Man kann den bestürzenden Eindruck gewinnen, dass besonders auch deutsche Intellektuelle von dieser Religion ihr endgültiges Seelenheil erwarten.

Welchen Sinn macht eine Asylgesetzgebung mit individuellem Klagerecht, wenn dadurch staatliche Strukturen zerstört werden?

# Blogs im September 2015

## Syrien ohne „Gesichtsverlust"

30.09.2015

Bekannt und anerkannt ist der politische Topos, dass man sogar mit dem Teufel reden müsste, wenn dadurch Frieden geschaffen würde. Daher vertrat man die Meinung, man müsse auch „gemäßigte" Taliban an Friedensgesprächen in Afghanistan beteiligen, im Irak will man die verfeindeten Schiiten und Sunniten an den Verhandlungstisch bringen, und der vielgelobte Egon Bahr hat mit der DDR-Regierung reden müssen, um den „Wandel durch Annäherung" durchzusetzen. Aber in der Frage, ob man auch mit Assad reden müsste, um in Syrien Frieden zu schaffen, war man sich in der Vergangenheit einig: mit einem „Schlächter" redet man nicht. Inzwischen ist diese harte Haltung durch die Verhältnisse weichgespült, aber es herrscht immer noch ein taktisches Durcheinander bei Obama, Hollande, Merkel und Putin. Das einfache existenzielle Ziel, die Kämpfe und das Blutvergießen in Syrien zu beenden, gerät durch Politsprech in den Hintergrund: Es geht um Gesichtsverlust - Wer ist der bessere Taktiker? - Wie werden die Einflusssphären gesichert? - Nur ein kurzer Händedruck - Die Gespräche waren offen und ehrlich usw.

Mir scheint die Position von Putin, staatliche Strukturen in Syrien zu erhalten, um kein zweites Libyen zu produzieren, und damit Assad zu unterstützen, vernünftiger als das Durcheinander westlicher Politiker.

## Kant, Mandeville und ein starkes Europa

Immanuel Kants „Kategorischer Imperativ" ist vielen bekannt, weniger bekannt ist der Inhalt seiner genialen Schrift „Kritik der reinen Vernunft". Häufig wiederum wird seine weise Einsicht gelobt und zitiert, dass „aus so krummem Holze, als woraus der Mensch gemacht ist,...nichts ganz gerades gezimmert werden" kann. Und nahezu unbekannt ist seine weitere bedenkenswerte Weisheit, dass Konkurrenz, Habsucht und Ehrgeiz verhindern, dass alle Talente verborgen blieben, wenn die Menschen in einem arkadischen Schäferleben, bei vollkommener Eintracht, Genügsamkeit und mit ihrem Hang zur Faulheit ohne Anreize leben würden. Könnte die Meinung nicht auch gelobt werden?

Auch der Arzt und Sozialtheoretiker Bernard Mandeville beschreibt in seiner allen Sozialisten verhassten „Bienenfabel" dasselbe Phänomen.

Darum, zu Ehren Kants und Mandevilles, sollten sich Politiker überlegen, ob eine Transferunion für ein starkes Europa im Konzert der Weltmächte ein erstrebenswertes Ziel ist. Auch die negativen Erfahrungen mit dem deutschen Finanzausgleich müsste zu denken geben.

## Immer wieder: der „wahre" Islam



In den Diskussionen um den „wahren" Islam gibt es von einigen schnatternden VIPs immer wieder zwei stereotype Reaktionen derjenigen, die glauben, moralischer. toleranter, weitblickender und wissender als ihre Gesprächspartner zu sein.

Der Moderator Frank Plasberg spielte in seiner Sendung „Hart aber fair" einen Beitrag ein, in dem ein

Imam Julia Klöckner als Frau nicht die Hand geben wollte. Er fragte dazu Sylvia Löhrmann, eine ehemalige Gesamtschullehrerin und jetzige Ministerin für Schule und Weiterbildung in NRW, ob dieser Imam, der hier in Deutschland Inhalte des Islam lehrt, noch tragbar sei. Anstatt mit „ja" oder „nein" zu antworten erklärte sie mit einem typischen Stereotyp  von „Islamverstehern", dass ihr orthodoxe Juden ebenfalls die Hand verweigerten. Und brutale und aggressive Suren im Koran sollte man mal mit entsprechenden Stellen in der Bibel vergleichen. Offenbar meinte sie das Alte Testament.

Frau Löhrmann ist zu empfehlen, die Ringparabel in Lessings „Nathan der Weise" (nach)zulesen. Lessing lässt darin den weisen Nathan erklären, dass es nicht so wichtig ist, die religiösen Riten und Texte zu beherrschen, sondern dass die Gläubigen der jeweiligen Religion die Barmherzigkeit und Menschenliebe durch ihre Lebenspraxis beweisen. Da allerdings ist bei sehr vielen Muselmanen noch viel Platz nach oben.

Einen anderen immer wieder auftretenden Reflex konnte man beobachten bei einem SPD-Funktionär und in einem Kommentar der Süddeutschen Zeitung: Es gibt vermehrt Schlägereien in Flüchtlingsunterkünften. Der Grund dafür seien nicht ethnische und religiöse Feindschaften, sondern die große Enge, in der die Flüchtlinge leben müssten. Wenn die Enge wirklich der Hauptgrund wäre, dann dürfte man nicht gleichzeitig den Vorschlag machen, die Flüchtlinge nach homogenen Gruppen zu trennen. Und Massenschlägereien würden dann auch auf dem Oktoberfest oder auf Kirchentagen stattfinden.

Diese stereotypen Entschuldigungen, die den reinen Islam verteidigen sollen, müssten vorher von objektiven Islamwissenschaftlern verifiziert werden.

# Assads widersprüchliche Kommentatoren



Wieso wird behauptet, dass vor Assads Truppen die Mehrheit der Syrer geflohen sei, wenn nur noch ein Drittel Syriens von Assad beherrscht wird?
Gewiß fliehen viele vor dem IS und vor Assads Truppen. Aber eine große Zahl von Flüchtlingen flieht nicht deshalb aus Syrien, weil Assad sie „ abschlachten „ will, sondern weil sie dem Militärdienst entfliehen wollen oder in ihrer Armut und Perspektivlosigkeit ein neues Leben in Europa aufbauen wollen.
Wieso ist Assad der Hauptaggressor im syrischen Bürgerkrieg, wenn Syrien zu Anfang seiner Regierungszeit ein Land war, in dem alle relativ gut und sicher leben konnten.
Wieso soll er schuld daran sein, den IS stark gemacht zu haben? (Dieser Titel wird häufig auch George W. Bush zugeschrieben). Als Grund dafür wird genannt, dass er eine gemäßigte Opposition anfänglich mit unversöhnlicher Gewalt niedergeschlagen hat (aus welchen politischen Kräften bestand denn diese Opposition?). Glaubt man wirklich, dass diese „ gemäßigte Opposition „ Syrien vor der Bestialität und dem Machtanspruch des IS hätte retten können?
Wer hat bisher nachgewiesen, dass Assads Truppen Chemiewaffen eingesetzt haben und nicht die dschihadistische Opposition? Es ist eigentlich nicht anzunehmen, dass Assad diesen törichten weltpolitischen Imageverlust provoziert hat.
Warum werden keine positiven Stimmen zum Assadregime veröffentlicht, z. B. Erfahrungen von Christen, Jesiden oder Syrern?

Was wäre aus Syrien geworden, wenn sich eine ähnlich große Zahl von Demonstranten auf dem Tahir-Platz in Kairo auch in Damaskus versammelt hätte? Was haben diese Demonstranten bewirkt? Leider gar nichts! Die Arabellion ist gescheitert.

## Orbans Mauer

26.09.2015

Victor Orban und seine Mauer zu Serbien findet kein Verständnis bei deutschen Moralisten. Sie posaunen ihr Credo immer wieder in alle Welt hinaus „Mauern lösen keine Probleme". Das ist nur zum Teil richtig, denn es gibt und gab Mauern, die sehr effektiv sind und waren:
In Jerusalem als Schutz vor Terroristen.
In Nordirland, um Fanatiker beider christlicher Konfessionen zu trennen.
In den spanischen Enklaven Mellila und Ceuta in Marokko halten hohe Zäune Migranten von spanischem und damit von europäischem Boden fern.
In den USA halten Zäune illegale mexikanische Einwanderer fern.
Die Mauer durch Deutschland war schrecklich, aber effektiv.
Auch die Chinesische Mauer und der römische Limes hatten wohl keine große Wirkung, aber ohne waren sie auch nicht.
Ein englisches Sprichwort verkündet die Erfahrung: „Good fences make good neighbours".

## Moral und Nase

26.09.2015

Ich habe die Nase voll, von Politikern, die ich gar nicht schätze, dauernd moralisch belehrt zu werden.

# Genderforschung

25.09.2015

Warum spielen Frauen kein Rugby?
Wenn schon die gesellschaftlichen Quellen für den Schnippedilling und den Vollbart nicht erkennbar sind, dann sollte man doch wenigstens eine Quotenregelung für dieses Spiel durchsetzen können.

# Die Franzosen sind anders

25.09.2015

In Frankreich gibt es Demonstrationen von Millionen gegen die Gleichstellung von heterosexuellen Ehen mit homosexuellen Partnerschaften. In Deutschland wird für die Gleichstellung demonstriert.
Unter dem verantwortungslosen Einfluss von Linkspopulisten und Grünen gilt der ägyptische Präsident al-Sisi unter vielen Deutschen politisch als untragbar, weil er weder links noch grün ist.
Die Franzosen dagegen verkaufen ihm zwei große Kriegsschiffe, weil sie in ihm einen stabilisierenden Faktor in chaotischem Umfeld sehen. Und er wird demnächst vor der UNO-Vollversammlung reden - in einem Gebäude, wo Katja Kipping und Konsorten oder die grüne "Theologin" Göring-Eckhardt nur Fahrstuhl fahren könnten.

# „Wirtschaftsflüchtling"

24.09.2015

Laut UNO und der Genfer Konvention von 1951 kann es den Begriff „Wirtschaftsflüchtling", der häufig in deutschen Medien und von Linkspopulisten benutzt wird, gar nicht geben. „Flüchtling" ist klar definiert als jemand „der vor bewaffneten Konflikten und Verfolgung flieht". Derjenige, der aus wirtschaftlicher Not sein Land verlässt, ist also kein „Wirtschaftsflüchting", sondern ein „Wirtschaftsmigrant". Von denen gibt es laut seriösen Schätzungen 232 Millionen auf der Welt, wohingegen die Zahl der „politischen Flüchtlinge" gemäß UNO-Definition 15,7 Millionen beträgt. Wie viele davon kann oder will Deutschland aufnehmen?

## Genialer Vorschlag zur Migrantenkrise

24.09.2015

Die Kosten für die Flüchtlings- und Migrantenkrise müssen so hoch werden, dass Deutschland arm wird. Dann hört die Völkerwanderung in unser Land auf (aus FAZ vom 24.09.2015)

## Die Physikerin

24.09.2015

Immer wieder wird Merkel als „Physikerin" angesprochen und gelobt, die die Dinge vom Ende her bedenkt, berechnet, kalkuliert und plant. Wie viel Unsinn Physiker aber planen und anrichten können hat z.B. Oskar Lafontaine bewiesen, z.B. waren ihm afrikanische Migranten lieber als deutsche Spätaussiedler aus Russland, und er hat Helmut Schmidt mit der Äußerung beleidigt, man könne mit Sekundärtugenden auch ein KZ leiten.
Es ist doch ein gigantischer Blödsinn, alle Schleusen für Migranten zu öffnen und dann von den europäischen Nachbarn eine „faire Verteilung" zu fordern. Es ist praktisch und moralisch falsch, Signale auszusenden, die Flüchtlinge anlocken. Wenn im Nahen und Mittleren Osten und in Afghanistan Reklame dafür gemacht wird, dem Elend zu entfliehen und nach Deutschland ins Paradies zu wandern, dann sind das solche falschen Signale.

# Assad



Wenn man den Berichten, Analysen und Kommentaren westlicher Medien glaubt, dann müsste Assad in seinem Machtbereich allein mit seinem Militär leben. Alle Bürger sind nämlich geflohen, weil er es besonders auf die Zivilbevölkerung abgesehen hat, die er „abschlachten" will.

## „Willkommenskultur" aus Nächstenliebe

23.09.2015

Um den wachsenden Unmut der deutschen Bevölkerung in Grenzen zu halten, werden viele positive Beispiele für Einwanderung und Zuwanderung nach Deutschland aufgezählt und die Notwendigkeit für die Demographie beschworen. Bis auf die Balkanflüchtlinge von 1991 - 1999 waren das aber alles Menschen aus dem europäischen Kulturkreis.
Und es gibt ein abschreckendes Beispiel für missbrauchtes Mitleid, den Libanon. Dieses Land hat eine grausame Erfahrung machen müssen als es aus Barmherzigkeit Hunderttausende von Palästinensern aufnahm. Diese haben sich bei passender Gelegenheit verbündet mit denen im Libanon bereits lebenden, die derselben Religion - dem Islam angehörten, um den Libanon zu atomisieren, der einstmals als „Schweiz des Mittleren Ostens" bekannt war (meine Übersetzung eines Artikels des Libanesen Fadi Assaf aus dem Französischen, erschienen im Figaro vom 21.09.2015). Werden alle Flüchtlinge und Migranten, die jetzt nach Deutschland fluten einen gemäßigten, toleranten Islam pflegen? Dankbarkeit und Freude über eine barmherzige „Willkommenskultur" kann unter

vermeintlich höheren Zielen leicht in Aggression und Gewalt umschlagen.

## Völkerwanderung

23.09.2015

Wenn ich zur Migranten- und Flüchtlingskrise die Kommentare von Göring-Eckhardt höre über Katja Kipping, Ulla Jelpke, Sevim Dagdelen und Käßmann lachen muss, Claudia vermisse und deren törichten Bullshit mit den klugen Analysen in den französischen Medien (z.B. im Figaro) und ganz allmählich auch im Spiegel und im Focus vergleiche, dann kommen mir die Tränen über die deutsche politische „Elite".
Meistens werden sie mit der Mitleid und Verständnis fordernden Aussage zitiert, dass man Flüchtlingen, die „aus der Hölle kamen" aufgrund deutscher Asylgesetzgebung unbedingt helfen müsse, während in Medien unserer Nachbarstaaten häufiger von „Migrantenflut" und „Völkerwanderung" die Rede ist.
Auch die deutsche Regierung weiß, dass nicht alle, die behaupten Syrer zu sein, wirklich aus Syrien kommen. Und viele junge Männer entfliehen nicht der Hölle, in der sie traumatisiert wurden, sondern dem Militärdienst.

## „Alles ist relativ"

23.09.2015

Nachdem nun Millarden für den Migrantenstrom nötig werden, gilt Deutschland nach Meinung aller Parteien als reich: „Wir schaffen das".
Kurz vorher verkündeten fast alle Parteien eine „neue Armut": Armut im Alter, Obdachlose, Arbeitslose, Kranke aus vielerlei Gründen, Kinder ohne warme Mahlzeit, Jugendliche ohne Perspektive. Warum sagte

dazu keiner: „ Wir schaffen das „. Man könnte ja wirklich fast glauben, dass der vielzitierte Satz: „Alles ist relativ" der Wahrheit entspricht.

## Deontologische Moral

22.09.2015

Die mitfühlende Entscheidung, Menschen ohne Kontrolle von der ungarischen Autobahn zu holen, war letztlich nur die notwendige Korrektur einer zeitlich davorliegenden desaströsen Entscheidung, Migranten durch unhaltbare Versprechungen anzulocken.
Die Situation erinnert mich an eine skurrile Situation in unserem Kollegium: Da gab es eine Lehrerin, die es schaffte, aus einer friedlichen 5. Klasse binnen Kurzem einen chaotischen Sauhaufen zu machen. Sie brauchte dann Jahre, um das entstandene Chaos mit einer Fülle von Argumenten zu verteidigen. Sie galt beim Schulleiter als engagierte Kollegin. Und auch Angela Merkel wird immer noch von vielen Medien als kluge, abwägende und bodenständige Politikerin beschrieben, - eine Einschätzung, die zu bröckeln beginnt, weil ihre Schönrednerei, ihr naiver Optimusmus und ihre deontologische Moral als das erkannt wird, was es ist: in der Konsequenz höchst gefährlich.
Und Kauders Statement „Europa hat versagt" verkennt ebenfalls, dass nicht Europa versagt hat, sondern der „Imperialismus der Herzen" (Jan Fleischhauer) und „die beliebteste Pfarrerstochter der islamischen Geschichte" (FAZ): „Mutter Angela" (Der Spiegel), die ein freundliches Gesicht in einer Notsituation zeigen möchte, damit Deutschland „ihr Land" bleiben könne. Wahrscheinlich werden die Verhältnisse sie zwingen auszuwandern.

## Stampede

10.09.2015

Wenn Rinderherden in den Weiten der nordamerikanischen Prärie tagelang kein Wasser bekamen und in vielen Kilometern Entfernung einen Fluss witterten, dann gab es häufig das gefürchtete Phänomen der Stampede. Das ist eine unvermittelte Fluchtbewegung, die die gesamte Herde erfasst und diese unkontrollierbar macht.
Die Vorstellung, dass auch die unglücklichen Massen in den Lagern des Nahen Ostens in Deutschland das von Politikern versprochene Paradies wittern und in einer Art Massenpanik losziehen, ist kein unrealistischer Albtraum.

## Sorry, wir schaffen das nicht!

10.09.2015

Die westliche Presse überschlägt sich geradezu in ihren Kommentaren über die selbstlosen Deutschen. Wir werden überschwänglich gelobt, aber man könnte dabei den Eindruck gewinnen, dass hinter diesen Lobeshymnen Kalkül steckt und sie damit auch indirekt zugeben, „arme Sünder" zu sein:
„Wir loben euch Deutsche. Mit dieser hohen Moral sollte jedes Land auf die Migrantenströme reagieren. Aber wir schaffen das leider nicht, tut uns leid! Immanuel Kant ist ja auch euer Landsmann. Macht weiter so, dann wird für uns die vorgegebene Quote geringer ausfallen. Sorry!

## Es ist die Wirtschaft, Dummkopf!

10.09.2015

Wenn Deutschland nicht wirtschaftlich so stark wäre

mit exzellenten Produkten, innovativen Firmen, klugen Managern und fleißigen Arbeitern, dann wäre es im Ranking der starken Nationen zurückgefallen durch gravierende politische Fehlentscheidungen: durch die Angst getriebene Energiewende, durch die faktische Transferunion mit Griechenland und durch das chaotische Management und die verfehlte Gesetzgebung für die Migrantenströme. Und in diesen Krisen gibt es ein Wunder. Angela Merkel, die dafür mitverantwortlich ist, schafft es auf mysteriöse Weise als einflussreichste Politikerin der Welt zu gelten.

## Wir schaffen das

09.09.2015

Merkels Optimismus zur Migrantenkrise, der in dem Satz zum Ausdruck kommt: „Wir schaffen das!", wirft Fragen auf.
Ist mit „Wir" die überraschend hilfsbereite Zivilgesellschaft gemeint, die die unverbesserlichen Etatisten unterstützt, oder ist doch die politische Elite des Landes angesprochen, die wahrscheinlich über kurz oder lang die Steuern erhöhen muss? Wie dem auch sei. Jetzt bemüht sich die Regierung, durch verschärfte Gesetzesänderungen der massenhaften Völkerwanderung nicht mehr so hohe Anreize zur Migration zu bieten. Ist da etwa die Kritik Ungarns aufgenommen worden?
Wenn diese Änderungen vernünftigerweise und praxistauglicher schon früher passiert wären, dann müssten „wir" nicht so immens viel „schaffen".

## Ungeheuerlich

09.09.2015

Es ist ungeheuerlich und unglaublich, dass einige

wahre Sätze zur Weltpolitik jetzt endlich in der WELT (abgesehen von Henryk M. Broders nüchterne Analysen) zitiert werden dürfen:

„Syriens Machthaber (Assad) soll in die Allianz gegen das Terrornetzwerk (IS) eingebunden werden".

„Die Polen sagen sich: In Frankreich hat die Integration der Muslime nicht funktioniert, warum sollte sie bei uns funktionieren?"

## Knutschen und Zungenkuss

09.09.2015

Vor kurzem habe ich festgestellt, dass ich bei einigen Verhaltensweisen meiner Mitmenschen noch nicht vollends in der gesellschaftlichen „Moderne" angekommen bin. Ich mag nicht hinsehen, wenn Schwule in der Öffentlichkeit Knutschen und Zungenküsse austauschen, - mit einer Ausnahme, und zwar mit dem Paar Breschnew und Honecker, weil hinter diesen Bruderküssen die Ideologie des Kommunismus/Sozialismus stand, die diese beiden (Metallbauer und Dachdecker) repräsentierten.

## Brief an die Behörde für Wiss., Forschung und Gleichstellung

Hamburg, 08.09.2015

Sehr  geehrter Herr Kloth,

ich bedanke mich - in Ihren Augen wahrscheinlich ein penetranter Nörgler - für Ihre sehr freundliche und verständliche Aufklärung hinsichtlich des Hissens der Regenbogenfahne am Hamburger Rathaus. Diese

stehe weltweit als Symbol der Lesben- und Schwulenbewegung
für Vielfalt und Respekt und für ein friedliches Miteinander und gemeinsames Engagement gegen Homophobie. Ich bin nicht homophob, bin aber der Ansicht, dass der fortdauernde „Kampf" für die Gleichstellung aller sexueller Orientierungen allmählich überzogen wirkt, da Homophobie in Hamburg und Deutschland nicht mehr sehr verbreitet ist. Daher wirkt die Installation einer Ampel mit homosexuellen Paaren, Unisextoiletten für Menschen, die untenrum ein Problem mit ihrer Identität haben und eben auch das Hissen der Regenbogenfahne am Rathaus für meine Vorstellung vom Leben ein wenig lächerlich.

Am Rathaus sollten nur hoheitliche Symbole gezeigt werden. Das müsste eine andere als die Wissenschaftsbehörde überprüfen. Daher habe ich mehr oder weniger aus sportlichen Gesichtspunkten bei der Staatsanwaltschaft Hamburg eine Anzeige erstattet. Es ist ja auch nicht möglich, dass unser Bürgermeister seine Unterhose auf Halbmast setzt, falls er sexuelle Schwierigkeiten haben sollte, und für alle als Trost und Mitgefühl, die ähnliche Leiden haben.

Mit freundlichen Grüßen,

Dieter Rakete

www.cevenole.blog.de

## German angst

08.09.2015

Kommentatoren freuen sich, dass die „German angst" in wirtschaftlicher Prosperität vertrieben wurde. Aber wenn die Lage auch nur etwas schlechter wird, dann taucht diese Angst gewiss wieder auf. Denn bei katastrophalen wirtschaftlichen und politischen Situationen ist in jedem Land Angst verbreitet. Nur in Deutschland, - und das ist ja gerade das Phänomen für „German angst" - gibt es dieses verbreitete grundlose Jammern auch in Normallagen.

Sicher ist: „German angst" wird in Zukunft wiederkommen.

Im Moment wird sie verdrängt durch „German help", durch Klatschspaliere, wundersame Massen von solidarischen Helfern und durch mitleidige Zufriedenheit.

Sicher ist: „German help" wird in Zukunft schwächer.

## Ein Blick in die Zukunft des Zusammenlebens

08.09.2025

In ihrer „Themenwoche zur Zukunft der Welt sieht die WELT vom 8.09. eine Veränderung in den Vorstellungen von Geschlechteridentität, was Folgen hat für Familienkonzepte.

Nur in Russland gleicht die Familie der Zukunft der Familie von gestern.

Auch Italien „verschließt sich der „Moderne". Ehen oder Lebenspartnerschaften zwischen Menschen gleichen Geschlechts erkennt das Land nach wie vor nicht an. Hinterher hinkt Italien auch beim Umgang mit Transmenschen.

In Frankreich gingen Millionen von Menschen auf die Straße und demonstrierten gegen die gesetzliche Durchsetzung der Homo-Ehe.

In Israel sind 95 Prozent der Paare verheiratet

In Deutschland gibt es 18 Millionen heterosexuelle

Partnerschaften, aber nur 40.000 homosexuelle.

Das aber sind Auslaufmodelle; denn alle anderen Länder sind viel „moderner". Ihre „Modernität" zeigt sich in Operationsmethoden für Transsexuelle, in gleichgeschlechtlichen schwulen Partnerschaften, die Kinder über Leihmütter, besonders aus Südamerika, beziehen, Patchworkfamilien mit 10 und mehr Kindern nach drei Ehen sind besonders in den USA verbreitet und in Großbritannien gilt die „zeitweise Kohabitation" zunehmend als „Normalfall". Auch In-Vitro-Fertilisation ist auf dem Vormarsch und 65-jährige bekommen Kinder ...und vieles mehr.

Warum finden Kommentatoren Gefallen daran, als Basis für ihre Prognosen immer nur bizarre und skurrile Minderheiten heranzuziehen. Wie viel Transsexuelle, Bisexuelle, Homosexuelle usw. gibt es eigentlich auf der Welt?
Auch Gottes Fauna muss sich überlegen, ob sie nicht etwas „moderner" werden will.

## Luftschläge gegen den IS ohne uns
07.09.2015

Sigmar Gabriel erklärte in der ZDF-Sendung vom 07.09. „Was nun, Herr Gabriel?", dass es „nicht angehen" könne, wenn 80% Syriens von Terroristen beherrscht werde. Daher sei die Überlegung von Francois Hollande berechtigt, den USA bei Luftschlägen zu helfen, um eine Quelle zur Flucht aus Syrien zu beseitigen. Auf die Frage von Bettina Schausten, ob sich auch Deutschland militärisch am Kampf gegen den IS beteiligen werde, antwortete er sinngemäß mit deutschem Stereotyp: Er sähe keine Verpflichtung für Deutschland, dort einzugreifen. Damit

war diese Frage für ihn und für die Journalisten hinlänglich beantwortet. Eine weiterführende Frage wäre aber doch gewesen, warum für die USA, Frankreich und andere Staaten der Kampf gegen den IS verpflichtend sei. Und eine zweite, sehr interessante Frage unterblieb ebenfalls: Warum werden keine Luftschläge gegen Assads Truppen geführt? Denn auch sie werden in den meisten Analysen für die Fluchtgründe verantwortlich gemacht.
Übrigens ist die Zahl der Flüchtlinge aus Syrien in den letzten Tagen stark angestiegen. Ist diese Zahl ermittelt worden aufgrund von Passkontrollen oder von mündlichen Bekundungen?

## Gerechte Verteilung der Flüchtlinge
07.09.2015

Warum eigentlich sollen nur auf die 28 Länder der EU die Flüchtlinge nach der Registrierung in der Erstaufnahme verteilt werden? Die Fluchtgründe liegen vorwiegend in Afrika und Asien. Daher wäre eine Verteilung auf andere Länder der Welt (USA, Kanada, Neuseeland, Australien) noch gerechter als eine gerechte Verteilung in Europa.

## Unterbelichtete für Hochrechnungen und Prognosen
04.09.2015

Die WELT vom 04.09. hat eine „Themenwoche" begonnen zur Frage, wie unser Leben in Zukunft aussähe.
Einige Prognosen sind problematisch, weil die Gedanken und das Verhalten von irren und schrägen Typen und unterbelichteten Zeitgenossen, von denen es überall und zu allen Zeiten eine große Masse gibt,

hochgerechnet werden.

## Orban vs. Schulz und Merkel

04.09.2015

Ungarn ist das erste Schengenland auf der Balkanfluchtroute. Was soll Ungarn nach Meinung von Martin Schulz machen, wenn sich die Flüchtlinge nicht registrieren lassen wollen, was rechtlich nach EU-Richtlinien geboten ist, und „Germany" rufen? Orban hat nicht ganz Unrecht mit seiner Behauptung, Deutschland habe das Flüchtlingsproblem durch sein hohes Versorgungsversprechen zu dieser gegenwärtigen Masse anwachsen lassen. Denn die Gefahr von Anreizen hat offenbar auch die CDU erkannt, wenn sie Wirtschaftsflüchtlinge möglichst schnell in die Herkunftsländer zurückschicken und allen Flüchtlingen eine Gesundheitskarte zunächst verweigern will. Auch unser türkischer Reiseleiter hat unserer Gruppe mit Bezug auf seine Landsleute schon vor drei Jahren die Abhängigkeit von vielversprechenden Anreizen und wirtschaftlicher Not verständlich erklärt.
Angela Merkel hat - wohl als Kritik gegen Orban - gesagt, dass Deutschland die Flüchtlinge nach Völkerrecht und Moral behandelt. Diese Kritik kann Orban nicht treffen, denn man kann Massen, ohne die langfristigen Konsequenzen zu bedenken, anlocken und sie danach sehr wohl völkerrechtlich angemessen und moralisch gut behandeln.

## „Moral" in der Begründung von Verfassungsrichtern

04.09.2015

Die Bundesverfassungsrichter haben der Politik

Vorgaben gemacht, auf welchem „moralisch" angemessenem Versorgungsniveau Asylbewerber und andere Flüchtlinge in Deutschland leben müssen.
Die Frage ist aber, ob Bundesrichter Versorgung und Moral durch Verfassungsinterpretation begründen können, die keine Kritik zulässt. Könnte das Versorgungsniveau auch etwas geringer ausfallen, ohne „unmoralisch" zu sein?
Wer kontrolliert die Verfassungsrichter?

## Mitleid und Vernunft

03.09.2015

Ein Vergleich zwischen den Menschen, die nach dem Zweiten Weltkrieg aus den deutschen Ostgebieten fliehen mussten oder ausgewiesen wurden, zwischen ihren herzzerreißenden Berichten und ihren individuellen Tragödien und den Flüchtlingen, die gegenwärtig nach Europa fliehen, ist sehr informativ, überraschend, aber auch ernüchternd.

Jeder Flüchtling verdient unser Mitleid. Es schießen Tränen in die Augen und der Atem stockt, wenn man die Menschen in ihrem Elend weinen sieht.
Zwei Tatsachen aber müssten die Entscheidungen zum Flüchtlingsproblem beeinflussen:
Mitleid allein darf die Probleme nicht lösen, sondern auch die scheinbar hartherzige Vernunft muss ihr politisches Recht behalten. Das könnte leichter fallen, wenn man die Herkunftsländer und die Wahl der Zielländer betrachtet. Das lässt Schlüsse zu über die Motive der Flucht. Ebenso aufschlussreich sind Zahlen der Statistik: Aus der Altersklasse der 0 - 25-Jährigen kommen 62.000 Asylbewerber nach Deutschland, wohingegen es bei den 45 - 55-Jährigen nur 4.800 sind. Frauen sind in allen Altersgruppen besonders

unterrepräsentiert (Quelle: WELT vom 03.09.).

Bedenkenswert ist auch, wenn sich Flüchtlinge, die gerade dem Tod entronnen sein sollen, aus religiösen oder ethnischen Differenzen die Köpfe einschlagen. Werden die Flüchtlinge irgendwann in der Zukunft ihre religiös-fanatische Prägung ablegen können? Wenn nicht, dann hätte Deutschland nicht nur ein Problem der „Zahl", sondern auch eines der „Gewalt".

## Assad ist ein blutrünstiger Schweinehund

03.09.2015

Baschar al-Assad wird in den Medien nur noch vom Teufel übertroffen. Glaubwürdige Syrer berichten aber, dass zu Anfang des Regimes Syrien ein multiethnisches, multireligiöses und multikulturelles Land war, in dem man gut leben konnte, wenn man Assads Herrschaft akzeptierte. Als sich dann aber friedlicher Widerstand von Gruppen, die bisher allerdings noch nirgendwo eindeutig charakterisiert wurden (waren das alles lupenreine Demokraten oder vielleicht auch Moslembrüder?), gegen die Unterdrückung der Meinungsfreiheit und der Mitbestimmung erhob, machte Assad vor der Weltöffentlichkeit den entscheidenden Fehler, diese Demonstrationen blutig niederzuschlagen. Dass dadurch aber erst der sunnitische IS aus hasserfüllten und rachsüchtigen Resten der irakischen Baath-Partei entstand oder gestärkt wurde, ist absurd. Ebenso absurd ist es, wenn behauptet wird, Assads Militär bekämpfe besonders die Zivilbevölkerung.
Zu wünschen ist, dass ein unvoreingenommener Journalist, der gerne von Göring-Eckardt, Volker Beck, Käßmann und Todenhöfer begleitet werden darf,

einmal die Verhältnisse in Syrien recherchiert, vielleicht sogar ein Interview mit Assad macht und hier in Deutschland die Flüchtlinge (z.B. die syrischen Christen oder die Jesiden) fragt, wovor genau sie aus Syrien fliehen.
Ich könnte mich irren.

## Wo versteckt sich die Wahrheit über Flüchtlinge?

02.09.2015

Dem allwissenden Großmaul Volker Beck von den Grünen sollte die Gelegenheit gegeben werden, in einem „Projekt" zu zeigen, wie er Aufnahme, Versorgung und Integration von etwa 700 bis 1.000 Flüchtlinge leiten würde - ohne die Fehler, die er gegenwärtig den Verantwortlichen vorwirft, und sogar ohne Beschränkung finanzieller Mittel.

Verantwortliche Politiker in Bayern und München klagen, dass sie den Flüchtlingsstrom am Münchener Hauptbahnhof kaum oder nicht mehr regeln könnten. Sie machen Ungarn für diesen problembelasteten Ansturm verantwortlich, obwohl es auch am Ost-Bahnhof von Budapest ein ähnliches kaum beherrschbares Chaos gibt.

Für die EU fordern deutsche Politiker ein gemeinsames Handeln, um die Flüchtlingsströme gerechter, mit „gemeinsamen Standards" auf die einzelnen Länder zu verteilen. Beinhaltet dieses „gemeinsame Handeln", dass jedes Land für die Flüchtlinge ein „gemeinsames" Versorgungsniveau bereitstellen muss? Dann gäbe es nur eine Konsequenz: Deutschland müsste seine generöse Haltung bei der Versorgung ändern. Denn kein anderer Staat würde oder könnte deutsche

Verhältnisse übernehmen und Deutschland bliebe das erwünschte Aufnahmeland.

Nur eine ganz geringe Zahl der 800.000 Flüchtlinge könnte selbst nach Abschaffung bürokratischer Hemmnisse sofort in den Arbeitsmarkt übernommen werden. Daher erwartet Andrea Nahles für 2016 etwa 460.000 neue Hartz IV-Bezieher.

## Flüchtlinge in den Gedanken der Grünen

01.09.2015

„Zwangsgermanisierung"

Das gilt auch für das Erlernen der Sprache, die unabdingbare Voraussetzung für eine arbeitsmarktliche und gesellschaftliche Integration ist. Der überwiegende Teil der Menschen hat diese Voraussetzungen noch nicht.
(Raimund Becker, Vorstand der Bundesagentur für Arbeit)

„Wertvolle Arbeitskräfte"

Es hakt auch vielfach an den mitgebrachten Qualifikationen, die nicht passen, um nachhaltig im Arbeitsmarkt Fuß zu fassen.

Wir müssen in die formale Qualifikation investieren, um mittel- bis langfristig Potenziale zu entwickeln und zu heben.
(Raimund Becker)

„Flüchtlinge retten ihr nacktes Leben"

Das Wort „Flüchtling" in seiner moralischen Eindeutigkeit, seiner fordernden Rigorosität ist nicht rundheraus falsch. Der Appell an unsere Herzen bleibt richtig. Aber das Wort liegt eine entscheidende Handbreit neben der Wirklichkeit vieler, die jetzt unterwegs sind.

Von den Flüchtlingen, die selbst aus Syrien, dem Irak oder Afghanistan kommen, sind viele junge Männer, die nicht bloß flüchten wollen, sondern die noch etwas vorhaben im Leben. Und zwar hier. Sie wollen nach Deutschland.
(Wolfgang Büscher)

# Blogs im August 2015

## Zuckerwasserwespenfalle

31.08.2015

Nach Deutschland wollen fast alle, denn Deutschland setzt große Anreize für Flüchtlinge und fordert vehement eine „Willkommenskultur" mit üppiger Alimentation, sagt dann zu rund 40 Prozent „Herzlich Willkommen!, aber kehren sie bitte schnell wieder um". Da dem so ist, muss Deutschland sich nicht wundern, wenn es die größte Zahl von Asylbewerbern und Wirtschaftsflüchtlingen aufnehmen muss. Bei einer „sogenannten" gerechten Verteilung wollen die meisten wahrscheinlich sehr ungern nach Litauen, Ungarn oder Finnland. Also reiches Deutschland: Regele Dein Chaos, das Du selber mit verursacht hast, allein. Die anderen ärmeren EU-Staaten sind Dir dankbar und loben Dich. Sie könnten die Flüchtlinge gewiss nicht auf dem Niveau alimentieren, das von Bundesverfassungsrichtern gefordert wird.
Deutschlands versprochene „Willkommenskultur" mit üppiger Alimentation entwickelt dieselbe Wirkung wie eine Zuckerwasserfalle für Wespen.

## Mauern

31.08.2015

Die USA bauen einen Zaun gegen illegale mexikanische Grenzverletzer. Spanien baut hohe Zäune in seinen Enklaven Ceuta und Melilla, unterstützt von Marokko. England hat eine natürliche Barriere, den Ärmelkanal, und gibt sich zusammen mit Frankreich große Mühe, das der Tunnel kein Einfallstor für Illegale wird. Israel schottet sich durch hohe Mauern von potenziell militanten Palästinensern ab. Ungarn versucht, durch einen 175 km langen Zaun die Grenze zu Serbien zu schließen. Flüchtlinge, die wahrheitsgemäß oder gelogen als Herkunftsland „Serbien" angeben, werden bevorzugt behandelt. Andere ärmere Staaten verlassen sich auf virtuelle Mauern, indem sie sich kaum um Flüchtlinge in ihren Ländern kümmern.

Warum verzichten alle diese Staaten auf das Proklamieren einer „Willkommenskultur" mit reichhaltigen Prämien? Bauen sie Grenzbefestigungen nur aus Egoismus oder auch aus Realismus zur Vermeidung von militanten Bürgerprotesten und „Heidenaus".

## Wir sind die Besten

30.08.2015

„Die Deutschen" waren einmal die Bösesten, gegenwärtig wollen sie die moralisch Besten sein.

Wenn das alles richtig ist, was in einem WamS-Artikel vom 30.08. über Rückführungen berichtet wird, dann ist es kein Wunder, weshalb so viele Asylbewerber und Flüchtlinge Deutschland als „Einwanderungsland" wählen. Nach Meinung des Asylrechtlers, Professor Kay Heilbrunner, ist es attraktiv, nach Deutschland zu kommen, weil hier die Verfahren sehr lange dauern und ablehnende Entscheidungen kaum vollzogen werden und mit enormen Kosten verbunden sind, während unberechtigte Gesuche z.B. in der Schweiz und in Norwegen binnen 48 Stunden bearbeitet werden.

Neben solchen kritischen Stimmen gibt es auch gut gemeinte Ratschläge, wie man den Flüchtlingsstrom reduzieren könnte. Man müsse für bessere

Lebensbedingungen sorgen in den Staaten, aus denen die Menschen fliehen. (Gern wüsste ich, wovor die Menschen aus Syrien fliehen: vor Assad oder vor dem IS?). Und der gute Günter Burkhard, Geschäftsführer von Pro Asyl, hält von Abschiebungen gar nichts. Er sieht auch kein Problem in der großen Zahl der Flüchtlinge und lehnt „Drohkulissen" ab. Lieber will er das viele Geld, was in „Sammelfliegern" und anderen Methoden zur Reduzierung ausgegeben wird „in Integration investieren".
Die Rechten freuen sich über solche Vorschläge.

## 800.000

28.08.2015

Wenn es richtig ist, was Soziologen, Statistiker und andere Wissenschaftler herausgefunden haben, dass etwa 15 Prozent der Bevölkerung in Deutschland und auch in anderen Staaten rechtsextremer Ideologie zuneigen, dann darf es nicht überraschend sein, wenn 800.000 Asylbewerber und Flüchtlinge dieses latent rechte Gedankengut zur Realität werden lässt. Und es ist nicht nur diese riesige, als Bedrohung empfundene Masse, die sich wahrscheinlich in den nächsten Jahren noch erhöhen wird, sondern es ist auch die Inkompetenz der Gesetzgeber, besonders der unwilligen Grünen, diesen Ansturm in geregelte Bahnen zu bringen. Kein Verantwortlicher durfte auf die Idee kommen, dass die verunsicherte Bevölkerung diese Völkerwanderung mit Kusshand empfangen würde. Man versucht zwar mit schrecklichen Bildern, die wahrlich Mitleid erzwingen müssen oder mit der Betonung, dass das alles wertvolle Arbeitskräfte seien, die Deutschlands demographische Katastrophe beheben könnten, das Böse fernzuhalten. Besonders erfolgreich ist das offenkundig nicht. Und Armut und entsetzliches Leid gibt es verstreut über den ganzen Erdball ohne Fluchtmöglichkeiten in eine bessere Zukunft.

## Willkommenskultur

26.08.2015

Das politische Beharren auf einer „Willkommenskultur" für prognostizierte 800.000 Asylbewerber und Wirtschaftsflüchtlinge wirkt angesichts der verzweifelten Suche nach sicheren Herkunftsländern, angesichts der brutalen Angriffe auf wehrlose Menschen, kriminellen Brandstiftungen und angesichts der menschenunwürdigen Wohn- und Schlafplätze und der chaotischen Massen bei der Registrierung unglaubwürdig, unrealistisch und moralisch konstruiert. Wie lange noch kann Deutschland eine „Willkommenskultur" mit enormen Kosten durchhalten, wenn vielleicht Jahr für Jahr 800.000 Menschen in unser Land kommen wollen? Die Zahl der weltweiten Flüchtlinge macht diese Annahme gar nicht so unwahrscheinlich.

## Heidenau

24.08.2015

Was würde passieren, wenn deutsche Politiker erklärten, dass 800.000 prognostizierte Asylbewerber und andere Flüchtlinge zu große Probleme machen würden: finanzielle Probleme, Wohnraummangel, Demonstrationen von ungefragten Bürgern und Provokationen von rechten Dumpfbacken und Kriminellen?
Wenn sie erklärten, dass Deutschland zu verlockende Anreize bietet und dass die Meinung von Bundesverfassungsrichtern überdacht werden muss?

Wenn sie erklärten, dass unter den 800.000 Menschen, die zu uns kommen wollen, gar nicht so viele potenzielle Arbeitskräfte vorhanden sind, wie behauptet wird?

Was würde in England, Frankreich, Ungarn oder anderen EU-Staaten passieren, wenn relativ zur Einwohnerzahl genau so viele Flüchtlinge mit gleichen Ansprüchen kämen? Gäbe es auch dort ein schreckliches „Heidenau"?

Letzte Frage: Wieso gibt es unter den Flüchtlingen so viele junge Männer?

## Flüchtlinge 3

23.08.2015

Alle Politiker, die keine Probleme in den massenhaften Flüchtlingsströmen sehen, müssen gezwungen werden, in ihren Wohnungen Flüchtlinge unterzubringen, bevor sie fremde Häuser beschlagnahmen lassen. Ersatzweise dürften sie auch angemietete Hotelzimmer bezahlen.

Die Flüchtlingsströme werden als neue „Völkerwanderung" bezeichnet und verglichen mit der Einwanderung nach Preußen durch gut ausgebildete Salzburger, Hugenotten oder Holländer und mit der Einwanderung polnischer Bergarbeiter und weiterer Gastarbeiter ins Ruhrgebiet. Der Vergleich hinkt; denn es wurde nicht versucht, diese Gruppen durch Militär und Polizei von den Grenzen fernzuhalten.

Der Bundesregierung wird von der „grünen Christin" Göring-Eckardt vorgeworfen, sie habe Anfang des Jahres nur mit 250.000 Asylsuchenden gerechnet, während sie gegenwärtig von 800. 000 Menschen ausgeht. Dieser Vorwurf ist unberechtigt. Denn auch Göring-Eckardt hat frühzeitig nicht gefordert, für 800.000 Flüchtlinge menschenwürdige Plätze zu schaffen.

Diesen Blog schrieb kein „grüner Christ", sondern ein „bunter Atheist", der auch keine schnellen Lösungen kennt, aber kritikwürdige Behauptungen nicht mag.

## Flüchtlinge 2

21.08.2015

Völker und Regierungen Europas, die ihr euch erbarmungslos vor Flüchtlingen verschließt, schaut auf uns mitleidige und moralische Deutsche! Wir öffnen unsere Grenzen für jedermann und deren unterschiedliche Gründe und Motive. Sie werden nach den Bedingungen der Bundesverfassungsrichter großherzig alimentiert. Und deshalb sind wir fassungslos angesichts eurer Abschottungsversuche und eurer eiskalten Herzen. Es ist zwar wahr - auch bei uns gibt es kritische Stimmen, die den riesigen Flüchtlingsstrom anders lenken wollen, aber die werden sofort von den linken und grünen Idealmenschen an den Pranger gestellt. Denn es ist auch wahr, dass in Bangladesch und in den Ballungszentren Indiens viel mehr Menschen auf einem Quadratkilometer leben als bei uns.

## Ankündigung

16.08.2015

Ich werde (wahrscheinlich) in der nächsten Woche eine Bank überfallen, werde mich widerstandslos festnehmen lassen und vor Gericht erklären, dass ich mich in finanziellen Dingen nicht mehr an Abmachungen und Gesetze halten will oder muss, weil ich nur staatliche Vorbilder kopiere, die straflos und trickreich riesige Mengen Geld verstreuen. Ich stehe fassungslos vor dieser kriminellen Mafia der Gutwilligen und werde mein Wahlverhalten überdenken.

## Flüchtlinge

15.08.2015

Und wieder kämpfen beim Flüchtlingsproblem die Mächte des Lichtes gegen die des Dunklen und Bösen. Ulla Jelpke, die Linke- Innenpolitikerin, besteht für Flüchtlinge vom Westbalkan auf einem Anrecht auf ein Mindestmaß an Teilhabe am gesellschaftlichen, kulturellen und politischen Leben. Daher sei das Taschengeld von 143 Euro im Monat nicht zu kürzen oder gar abzuschaffen. Wie sollen diese Flüchtlinge aber am gesellschaftlichen, kulturellen und politischen Leben teilnehmen, wenn sie kein Deutsch beherrschen?
Die selige Katrin Göring-Eckard, Lichtgestalt der Grünen mit der Bergpredigt im Stammhirn, glaubt, unbezweifelbare Kausalsätze zu äußern, wenn sie sagt: „Menschen fliehen nicht, weil die Situation in Deutschland so attraktiv ist, sondern weil die Lage in den Herkunftsländern katastrophal ist". Das ist wahr, aber zu kurz gedacht. Die Menschen fliehen nach Deutschland stärker als in andere EU-Länder, weil die Situation in unserem Land in der Tat so attraktiv ist. Und Realpolitiker müssten wegen des riesigen Ansturms einen EU-Ausgleich suchen, um die finanziellen Ressourcen nicht überzustrapazieren und um den Frieden im Lande zu sichern.
Ulla und Katrin ist das einfach zu mühsam!

# Jürgen Habermas



Der angeblich brillante Philosoph und Soziologe Jürgen Habermas und sein kanadischer Kollege Charles Taylor erhalten gemeinsam den mit 1,5 Millionen Dollar dotierten John-W-Kluge-Preis.

Dabei ist das Wirken von Habermas im „Positivismusstreit in der deutschen Soziologie" (in den 60-ziger Jahren des 20.Jh.) und im „Historikerstreit" (in den 80-ziger Jahren des 20.Jh.) manipulativ (Datentrickserei), teils unwissenschaftlich (fehlerhafte Zitation) und unfair (z.B. schäbige Kritik am Historiker Hillgruber und an Michael Stürmer).

Helmut Schmidt hat nicht ihn, sondern Karl Raimund Popper zum Vorbild für Lebenswirklichkeit und praktische Politik gewählt. Es ist auch schwer zu erkennen, welche nachhaltigen Ideen von Habermas Deutschland und seine Bürger geprägt haben. Popper, in Deutschland leider öffentlich nicht sehr verehrt, möchte ich gegen Habermas zitieren:

„Jeder Intellektuelle hat eine ganz spezielle Verantwortung. Er hat das Privileg und die Gelegenheit zu studieren. Dafür schuldet er es seinen Mitmenschen (oder der „Gesellschaft"), die Ergebnisse seines Studiums in der einfachsten und klarsten und bescheidensten Form darzustellen... Wer's nicht einfach und klar sagen kann, der soll schweigen und weiterarbeiten, bis er's klar sagen kann... Das grausame Spiel, Einfaches kompliziert und Triviales schwierig auszudrücken, wird leider traditionell von vielen Soziologen, Philosophen usw. als ihre legitime Aufgabe angesehen. Nicht einmal Faust konnte daran etwas ändern:

Gewöhnlich glaubt der Mensch, wenn er nur Worte hört,

Es müsse sich dabei doch auch was denken lassen".

Kurzum: Jürgen Habermas ist ein gutes Beispiel dafür, wie ein heißgelaufenes Großhirn an der ruhig dahinfließenden Lebenswirklichkeit der großen Masse vorbeiredet und dafür auch noch belohnt wird.

## DDR

12.08.2015

Selbst nach 25 Jahren erkennt man noch in der ehemaligen DDR, mit welchen zerstörerischen Kräften die geistigen Vorfahren der LINKEN gewütet haben. Wenn nun heute die Funktionäre dieser Partei hypermoralisierend Immanuel Kant und alle bedeutenden Ökonomen dieser Welt übertreffen wollen, dann wirkt das angesichts der Katastrophe in der DDR lächerlich. Unverbesserliche Sozialismus-Nostalgiker könnten eventuell mit einer Bildserie „Vorher-Nachher" therapiert werden.

# Blogs im Juli 2015

## Politik und Wissenschaft

29.07.2015

Es wird behauptet, dass politische Begründungen und Entscheidungen „höherwertiger" seien als solche, die aus Einzelwissenschaften stammen, z.B. müsse sich die Ökonomie der Politik, die im günstigen Fall ein deutsches, gern auch europäisches und sogar globales Wohl vertritt, unterordnen. Wie aber soll man die Wahrheit dieser Abhängigkeit anerkennen, wenn Politiker wie Ökonomen oder Militärwissenschaftler argumentieren? Was also soll man davon halten, wenn Seehofer behauptet, ein Grexit bedeute blankes Chaos? Woher weiß er das?

## Meinungsvielfalt und Kompass
(Fortsetzung vom 15.06. und 05.07.2015)

28.07.2015

Gesucht wird ein Kompass, der sicher durch die Meinungsvielfalt führt und zu rotieren beginnt, wenn behauptet wird,
dass unsere wunderschöne Welt eine Bewusstseinserweiterung durch ein zugedröhntes Gehirn benötigt,
dass kein Unterschied besteht zwischen den 40.000 eingetragenen homosexuellen Partnerschaften und den 18 Millionen traditionellen Ehen zwischen Mann und Frau,
dass die geschlechtliche Zugehörigkeit keine biologische Tatsache, sondern ein soziales Konstrukt sei,
dass Udo Lindenberg keine Symptome eines

Behinderten in Sprache, Aussehen und Gestik zeigt,
dass es gleichwertig neben einer Miss-World auch
einen Mister-World und neben einer Kohl-Königin auch
einen Kohl-König geben wird,
dass keine Gefahr bestehe, dass fanatische Etatisten
die Menschen jeglicher Verantwortung entwöhnen und
daher immer mehr Menschen selbst bei kleineren
Problemen sofort nach dem Staat rufen,
dass Wolfgang Bosbach ein „Rebell" sei, nur weil er
weiterhin die Meinung vertritt, die alle Parteien in
Deutschland und Europa vertraten, dass mit der
Einführung des Euro keine Schulden-oder
Transferunion verbunden sei.

## Sechs-Uhr-Mal-Stunde

26.07.2015

Um das Wissen von Frau Katrin Altpeter,
Sexualaufklärerin und Familienministerin in Baden-
Württemberg, zum Sexualkundeunterricht in den
Schulen zu erweitern, berichte ich hier über die
Erfahrungen meiner Schwiegertochter mit unserer
Enkelin, Schülerin einer 4.Klasse. Sie kam aus der
Schule und erklärte ihrer verblüfften Mutter, dass sie
am folgenden Tag um sechs Uhr zur Malstunde müsse.
Meine Schwiegertochter konnte das nicht glauben und
fragte nach. „Ja, wir haben morgen um Sechs-Uhr-Mal-
Stunde", war die Antwort. Meiner Schwiegertochter war
die Uhrzeit nicht geheuer, und sie rief deshalb die
Lehrerin an. Es stellte sich heraus, dass es sich nicht
um eine „Sechsuhrmalstunde" handelte, sondern um
„Sexualkunde".
Und dabei hatte sich unser kleiner Schatz schon so
sehr auf eine Malstunde gefreut.

# Quatsch-Quatsch-Quatsch-Unterbelichtet



Das Bundesverfassungsgericht hat mit einer rein formalen Begründung das Betreuungsgeld für verfassungswidrig erklärt. Der Bund durfte dieses Gesetz gar nicht erlassen. Dafür wären allein die Länder zuständig gewesen.
Unsere Familienministerin Schwesig aber interpretiert dieses Urteil offenkundig falsch:
„Die Entscheidung zeigt: Das Betreuungsgeld ist der falsche Weg und hat keine Zukunft".
Quatsch!
Beim Betreuungsgeld geht es um Kinder unter drei (sic!) Jahren. Sylvia Löhrmann, die NRW- Pädagogin, freut sich für die Kleinen mit folgender Erklärung:
„Die Anti-Bildungs-Prämie Betreuungsgeld ist vom Tisch".
Quatsch!
Seit Jahrtausenden sind Kinder in der Obhut ihrer Eltern geliebt und erzogen worden, darunter auch unsere deutschen Erfinder und Nobelpreisträger. Und plötzlich soll nur noch die Kitaerziehung der bis Dreijährigen gebildete Erwachsene begründen?
Quatsch!
Natürlich waren auch andere Linke und Grüne sofort nach Verkündung des Urteils mit suboptimalen bis unterbelichteten Kommentaren zur Stelle:
die selige Katrin Göring-Eckardt, die Sexualaufklärerin und baden-württembergische Familienministerin Katrin Altpeter und Linksaußen Bern Riexinger.

# Die „brüchigen" Europhoriker



Um Griechenland im Euro zu halten, werden grundlegende Prinzipien menschlichen Zusammenlebens gebrochen:

Es wird positiv gesehen, wenn ein bankrotter Staat seine Schulden mit neuen Schulden begleicht.
Der Grundsatz „Pacta sunt servanda" wird nach politischem Belieben dauern gebrochen oder „gedehnt".
Rote Linien werden spielerisch verschoben.
Die bisher geltende Finanzarchitektur wird erschüttert durch übermäßiges Gelddrucken und Niedrigzinsen, durch Gefährdung der Spareinlagen und der Alterssicherung.
Die Bürger werden für dumm verkauft, indem man ihnen erzählt, der Euro sei ein Friedensgarant und die Griechen könnten ihre Schulden jemals zurückzahlen.
Vorgeschlagene ökonomisch begründete Alternativen werden wie Weltuntergangsszenarien behandelt, indem sich Politiker Kompetenzen zueignen, die sie gar nicht haben.
Ein ehrenvoller Politiker wie Wolfgang Schäuble, der auf der Seite von Marktorientierung und Liberalität steht, darf fast ohne öffentliche moralische Gegenwehr beleidigt und gedemütigt werden von erfolglosen europäischen Politikern, die mehr erfolglose staatliche Interventionspolitik und Regulierung wollen.
Die Kreditnehmer wollen die Bedingungen für den Kredit bestimmen.

Die Summe der Verfehlungen von Politikern, die sich für Demokraten halten, nähert sich einer kritischen Masse, wo es letztlich egal ist, wen man wählt: links, rechts oder „brüchig“.

## Betreuungsgeld und Rente

21.07.2015

Was fällt eigentlich den Eltern ein, ihre Kinder unter drei Jahren zu Hause selber betreuen zu wollen, wie in allen vergangenen Jahrhunderten. Sie stellen sich damit gegen die Forderungen der Wirtschaft und gegen die Absicht des Staates, Kinder so früh wie möglich zu erziehen und zu bilden, - wohlgemerkt, das gilt für Kinder unter drei Jahren. Die Mütter, die solche Wünsche hegen, erkennen gar nicht, dass sie im Alter in Armut leben werden, obwohl ihre Kinder für Renten sorgen werden.
Da fällt mir doch gerade ein Gedanke ein, wie man die Rente gerechter gestalten könnte, so dass auch Mütter, die ihre Kinder selber betreut haben, davon profitieren:
Alle Staatsbürger, die bis zum Eintritt ins Rentenalter keine Kinder in die Welt gesetzt haben, müssen sich die Summe ihrer Einzahlungen in die Rentenkasse nennen lassen. Nur diese Summe plus Zinsen steht für ihre Rente zur Verfügung. Sie können sich den Betrag in einer Summe auszahlen oder verrenten lassen mit monatlich gewünschten Beträgen. Die Eltern aber bleiben weiterhin geschützt und belohnt durch den Generationenvertrag.

## Verhüllte Demokratie

20.07.2015

Die Meinung der Griechen und der Deutschen zu den Hilfspaketen und den Bedingungen sind bekannt. Beide haben in Befragungen ihre negative Meinung kundgetan aus gegensätzlichen Gründen: die einen, weil zu wenig Geld fließt, die anderen weil zu viel. Über die Meinung der anderen Völker im Euroraum erfährt man fast nichts. Wenn es um Europa und den Euro geht, wird immer nur die Meinung von Regierungsvertretern und VIPs zitiert, zuletzt die von Krugman, Hollande, Strauss-Kahn, Habermas und Gysi.

Von Demokratie sollte nicht nur geredet werden, wenn es um Griechenland geht.

## Neid und Hass

19.07.2015

Die weltweite Diskussion um Grexit und Rettungsschirme ist wieder einmal ein schlagendes Beispiel dafür, wie Vernunft, Logik, Freundschaft, Gerechtigkeits- und Friedensreden umschlagen können in Hass, Neid, Ungerechtigkeit, Unfairness einem wohlhabenden Land gegenüber, in dem die Verantwortlichen in der Regierung der Meinung sind, dass kommunistische Herrschaft noch nie die Wohlfahrt von Staaten gefördert hat, und dass die Theorie von Keynes nach Innen und Außen nur gemäßigt umgesetzt werden darf. Einem Land gegenüber, welches seine finanziellen Entscheidungen weiterhin selber fällen will und nicht demütig von schlecht regierten Staaten mit dem Codewort „Solidarität" gezwungen werden will, immer noch mehr Geld der eigenen Steuerzahler des guten Rufes und des lieben Friedens willen zu spendieren.

## Eulos nach Athen tragen

19.07.2015

Bekannt ist das griechische Sprichwort „Eulen nach Athen tragen" im Sinne von „etwas

Überflüssiges/Sinnloses leisten". Es stammt ein wenig abgewandelt aus der Komödie des Aristophanes „Die Vögel". Darin wird gefragt: „Wer hat die Eule nach Athen gebracht?" Denn die Eule, kein seltener Vogel dort, war Athens Wappentier und prangte auf den Münzen der Stadt, die schlechtweg „Eulen" hießen. (Auf der aktuellen 1 Euro-Münze ist ein Steinkauz abgebildet) Und in einem Dialog der Komödie fällt sogar der Satz: „An Eulen wird es euch nie mangeln". Ersetzt man zweimal „Eulen" durch „Eulos" (chinesische Aussprache), so ergeben sich verblüffende Parallelen zur Gegenwart. „Eulos nach Athen tragen" ist sinnlos, und „An Eulos wird es euch nie mangeln" trifft genau die Aussagen der Eulophoriker.

## Schicksalsgemeinschaft

18.07.2015

Um ökonomischen Unsinn zu rechtfertigen, greifen Politiker verstärkt auf Begriffe zurück, die aus Geschichts- und Gesellschaftsphilosophie oder ethischen Grundsätzen stammen: Schicksalsgemeinschaft, Friedensprojekt, Solidarität. Zur Griechenlandkrise wären mir diese Begriffe nicht sofort eingefallen. Und nur weil die deutsche Verhandlungsdelegation und 15 weitere Staaten auf dem ehernen Prinzip bestanden „Geld gegen Reformen und Bedingungen" werden Merkel und Schäuble als Totengräber Europas bezichtigt. Hollande, der mit sozialistischen Visionen Frankreich dem wirtschaftlichen Abgrund näher zu bringen droht, steigt für unfähige Linke in Europa im staatsmännischen Ranking auf. Auch einer der früheren überschätzten praeceptores Germaniae, Jürgen Habermas, schließt sich -wahrscheinlich freudig

erregt - dieser unfairen Kritik an mit folgender Meinung: „Ich fürchte, die deutsche Regierung hat in einer Nacht das politische Kapital verspielt, das in einem halben Jahrhundert angesammelt wurde".
Ich fahre gern im Europa ohne Grenzen herum. Aber dennoch bleibt meine Einstellung zu privaten und staatlichen Schuldnern unverändert: Wenn sie sich aus Dummheit, Übermut oder Verschwendung verschuldet haben, dann müssen sie die bitteren Konsequenzen im Wesentlichen selber tragen. Da kommen wir „schicksalsmäßig" nicht zusammen.

## Ansehensverlust

18.07.2015

Überall hört und liest man, dass Deutschland weltweit einen dramatischen Ansehensverlust erleidet, weil Merkel und Schäuble beharrlich das vernünftige Prinzip verfolgen „Geld gegen Reformen". Bedenkenswert wäre die Kritik, wenn sie von Politikern stammte, die Erfolge für ihr Land nachweisen können oder von Intellektuellen, deren irrtümliche Meinungen sich in der Vergangenheit in Grenzen halten.
Vielleicht wäre es politisch aber doch klug, diesen Kritikern und Neidern wenigstens scheinbar nachzugeben und „Flanby" den Ruf zu gönnen, Retter Europas zu sein.

## Mitleid in Theorie und Praxis

17.07.2015

Gut gemacht, Bundeskanzlerin! Ihr Verhalten gegenüber dem weinenden palästinensischen Mädchen war angemessen. Ich bedaure Sie, dass sie diese wirre Herde von „moralisch-rechtgläubigen" regieren müssen/wollen. Einem ähnlichen Shitstorm

war George W. Bush ausgesetzt, als er einige Minuten lang regungslos auf seinem Stuhl verharrte, nachdem ihm zugeflüstert wurde, dass sich Amerika im Krieg befände nach der Zerstörung der Twin-Towers. Auch Rainer Brüderle war den Attacken einer lebensunerfahrenen Göre ausgeliefert, die mit dem Hashtag „Aufschrei" viele hirnlose Kläffer/innen gegen ihn mobilisierte. Recht selten aber beschreiben die Kritiker ein eigenes alternatives „richtiges" Verhalten. Sogar die „Welt" widmet Ihnen eine ganze Seite, und der Redakteur entblödet sich nicht, Ihnen vorzuwerfen, dass Sie sprachlich restringiert seien in solchen emotionalen Situationen. Ihm gefällt als Gegenbild die Sprachgewalt von Pfarrer Gauck, den er mit folgendem Statement zitiert: „Machen wir unser Herz nicht eng mit der Feststellung, dass wir nicht jeden, der kommt, in unserem Land aufnehmen können ... Tun wir wirklich schon alles, was wir tun können?"
Allein es besteht ein großer Unterschied zwischen theoretischer Mitleidsrhetorik und praktischem Handeln und Reden in einer menschlichen Tragödie.

## Fragen an die Griechenlandversteher
16.07.2015

In Talkshows werden sich Argumente um die Ohren geschlagen, die nicht immer nachvollziehbar sind. Einfache Fragen werden nicht gestellt, geschweige denn beantwortet:

Ist das Prinzip: „Geld gegen Reformen" richtig?

Braucht Griechenland überhaupt Reformen?

Welche der gegenwärtig geforderten Reformen sind richtig, welche falsch?

Wie soll man die richtigen Reformen durchsetzen?

Ist die Griechenlandkrise beendet, wenn es einen „Schuldenschnitt" gäbe oder wenn sogar alle Schulden erlassen würden?

Ist es richtig, dass es im Euroraum Staaten gibt, deren Lebensstandard niedriger ist als der in Griechenland, so dass ihre Zahlungen an Griechenland ungerecht wären.

Mit welchen Mitteln verschafft man den Griechen die vielzitierte „Luft zum atmen"?

## Weltgeschichte

15.07.2015

Bei all den gegenwärtigen weltgeschichtlichen Ereignissen wollen wir doch die Homosexualität nicht aus den Augen verlieren.
Diese jahrelange Unterleibsdiskussion um sexuelle Vielfalt, „moderne" Toleranz, Homoehen und das Recht auf Adoption haben bisher alle Symptome für eine weltweite Epidemie oder Manie erfüllt. Es wäre doch ein Armutszeugnis, wenn die „Ungläubigen" durch die bereits Toleranten nicht zur Toleranz gezwungen werden könnten.

## „Demütigung" der Vernunft: die Grünen
15.07.2015

Ich empfinde es als Skandal, dass ein deutscher Politiker, Cem Özdemir, dem Verhandlungsduo Merkel/Schäuble vorwirft, sie wollten mit dem von allen Euro-Staaten ausgehandelten Bedingungen

Griechenland „demütigen“. Mit diesem Vorwurf stärkt er den ungerechten Unmut, ja Hass, einiger egoistischer Eurostaaten.

Dieser „Verrat“ ist noch blöder, als der Ersatz der Einzelfiguren in einer Hamburger Verkehrsampel durch homosexuelle Paare. Auch dieser Stuss geht auf die Initiative der Grünen zurück. Da kann man ja geradezu glücklich sein, dass diese Partei nicht auf den Gedanken gekommen ist, Pädophile aus ihren Reihen abzubilden.

## Primat der Politik

14.07.2015

Die griechische Krise hat eine finanzielle, wirtschaftliche und wohl auch eine geostrategische Dimension. Der gefundene Kompromiss aber ist keine ökonomische Lösung zur dauerhaften Leistungs- und Wettbewerbsfähigkeit der griechischen Wirtschaft. Man wurschtelt weiter wie in all den vergangenen Jahren, und es ist ziemlich sicher, dass die 85 Milliarden Euro zur Beruhigung der Lage nicht ausreichen.

Es wird frohlockend verkündet, dass der „Primat der Politik“ über die Ökonomie gesiegt habe. Jean-Claude Juncker freut sich über diesen Kompromiss und sagt gleichzeitig, ein Grexit mit unübersehbaren Folgen und Kosten sei vermieden worden. Aus welchen Wissensquellen schöpft er denn diese Erkenntnis, wenn nicht aus ökonomischen Berechnungen. Da gibt es aber auch ganz andere! Also: Auf welche geheimen Kompetenzen gründet sich „der Primat der Politik“? Man stelle sich mal vor, dass z.B. Katrin Göring-Eckardt oder Bernd Riexinger mit Hans-Werner Sinn oder Hans-Olaf Henkel diskutieren und am Ende der kontroversen Diskussion erklären, dass sich ihr „Primat“ durchsetzen muss gegenüber ökonomischen

Berechnungen und Argumenten, weil er höhere Weihen genießt.

Wenn man der Politik den „Primat" unreflektiert zubilligt, dann muss man auch wissen, warum Italien und Frankreich gegenüber Griechenland wesentlich konzilianter gewesen sind,
nicht etwa aus Liebe zu Griechenland und Europa, sondern aus Eigeninteresse.

## Das Geld der anderen

14.07.2015

Es gibt ein gemeinsames Prinzip der Mehrheit in Griechenland und der Linken in Europa:
„Keine Austeritätspolitik mehr, sondern das Geld der anderen!"
Wenn „die anderen" dieses Prinzip übernehmen, dann haben sie ein Kuckucksei im Nest, aber immerhin ein schönes moralisch-solidarisches.

## Atomabkommen mit dem Iran

14.07.2015

Haben die westlichen Verhandlungspartner es wirklich geschafft, dass der Iran auf die Fähigkeit verzichtet, eine Atombombe bauen zu können? Sind die Mullahs vernünftig geworden und haben ihr zweifellos vorhandenes Ziel aufgegeben? Sonst könnte man kaum verstehen, warum 13 Jahre lang um das erreichte Verhandlungsergebnis gerungen wurde, weshalb sich der Iran gegen den jetzt ausgehandelten Atomvertrag so vehement gesträubt hat.
Den Unterstützern des weltweiten Terrorismus ist aber durchaus zuzutrauen, dass sie den Westen austricksen, damit die schmerzhaften Sanktionen

aufgehoben werden.

## Akzeptanz sexueller Vielfalt

12.07.2015

Es ist unbestreitbar, dass der Irre, der sich für ein Spiegelei hält, nur deshalb abgelehnt wird, weil er in der Minderheit ist. Gegen diese Wahrheit kämpft die Sozialministerin von Baden-Württemberg, Katrin Altpeter, einen irren Kampf. Sie will den Irrsinn der Vernunft mindestens gleichstellen, wenn nicht sogar zur Mehrheit verhelfen. Denn der „Aktionsplan" zur „Akzeptanz sexueller Vielfalt in Baden-Württemberg versucht im Namen einer absurden regressiven Toleranz für LSBTTIQ-Menschen (Lesben, Schwule, Bisexuelle, Transsexuelle, Transgender, Intersexuelle, Queere) das Menschenbild der Mehrheit zu „dekonstruieren" und durch das einer sexuellen Minorität zu ersetzen. „Dekonstruktion" ist ein zentraler Begriff der Gender-Theorie. Durch „Dekonstruktion" soll z.B. auch das traditionelle Familienbild als überholt und altmodisch dargestellt werden. Katrin Altpeters Lebenslauf ist bekannt. Sie wurde in Waiblingen geboren, „ging...dort auf Gymnasium..." usw (WamS vom 12.07.). Aufgrund ihrer skurrilen Ideen muss man allerdings annehmen, dass sie als Dachdeckerin „aufs Gymnasium" gegangen ist.

## Lachnummer

08.07.2015

Eigenartigerweise bleibt es zur Griechenlandkrise sehr ruhig in den TV-Satire- und Comedy-Shows. Liegt das vielleicht daran, dass sie nicht satirischer und witziger sein können als die politischen Akteure in der Realität?

# Hotpants und regressive Toleranz



Prostituierte, die ihre Dienste auf dem Straßenstrich anbieten, sind an ihrer spärlichen Kleidung sofort zu erkennen. Und sie sind spärlich bekleidet, weil sie ihre potenziellen Kunden in Stimmung bringen, anfüttern und aufreizen wollen. Der kleine Lümmel soll sich schon mal freuen und regen.
Nun wird befürchtet, dass durch Hotpants, Bauchnabelfreiheit oder Busentransparenz bei Schülerinnen Bildung, Kultur und Moral in Gefahr seien, oder dass das Verbot sogar ein Angriff auf Persönlichkeits- und Grundrechte sei. Die Einträge in sozialen Medien ergeben ein schönes Beispiel für die regressive Toleranz der „Moderne".
Man muss die Diskussion über die Bekleidungsvorliebe nicht unbedingt in diese geistigen Höhen treiben. Es genügt eigentlich die nüchterne Feststellung, dass Hotpants usw. der „Berufsbekleidung" von Prostituierten fast gleichkommt. Mit welchem Ziel?
Übrigens bevorzugen nach meinen Beobachtungen Gymnasiastinnen mit einer Durchschnittsnote zwischen Eins und Drei-Komma-Fünf eine andere Bekleidung. Zu diesem Phänomen sollte die Bertelsmann-Stiftung mal eine Statistik erstellen.

## Überfällige Laudatio

07.07.2015

Einige kluge und realistisch denkende Menschen haben schon vor Jahren vorausgesagt, dass es gegen jede wirtschaftliche Vernunft spricht, Griechenland im Euroraum halten zu wollen. Sie wurden mit dem Hinweis auf die politische Vernunft kritisiert.
Es wird nun aber Zeit, dass sie von den Medien gelobt

werden.

Auch Sokrates hätte das Wissen von Ökonomen geschätzt. Auf der Suche nach weiseren Männern als er selbst, prüfte Sokrates Politiker, Dichter und Handwerker. Für die Politiker glaubte er zu erkennen, dass diese wohl weise zu sein schienen, ohne es indessen wirklich zu sein. Die Handwerker kamen in seinem Urteil noch am besten weg, weil sie eine Sache, nämlich ihr Handwerk, gut verstanden. Wahrscheinlich hätte er auch das Wissen von Ökonomen bei aller Widersprüchlichkeit oder von Physikern höher geschätzt, als das von Berufspolitikern.

## Hilflose Therapeuten

07.07.2015

Man hat die Griechenlandkrise mit mehr oder weniger passenden Vergleichen zu erklären versucht. Nach der Zuspitzung der Krise drängt sich ein weiterer Vergleich auf:
Die Syriza-Regierung gleicht einem schwer behinderten Kind, welches von Therapeuten behandelt wird, die von dieser unbekannten Krankheit völlig überfordert sind, allen voran der Chefarzt Jean-Claude Juncker.
Das Kind muss aus seinem gewohnten Milieu herausgenommen werden und z.B. auf einem therapeutischen Bauernhof an ein strukturiertes Leben herangeführt werden.

## Würde und Stolz

06.07.2015

Tsipras freut sich, dass er den Griechen „Würde und

Stolz" zurückgegeben hat. Die europäischen Verhandlungspartner dagegen müssen aufpassen, dass er ihnen nicht „Würde und Stolz" nimmt, wenn er sie weiterhin am Nasenring durch die Manege führt und sie seine neosozialistischen Bedingungen mit europäischer Haftungs- und Transferunion akzeptieren.

## Meinungsvielfalt und Kompass

(Fortsetzung vom 15.06.2015)

05.07.2015

Gesucht wird ein Kompass, der sicher durch die Meinungsvielfalt führt und zu rotieren beginnt, wenn behauptet wird,
dass Mao in China wenigstens den Hunger besiegt hat,
dass allein Israel für Kriege im Nahen Osten verantwortlich ist,
dass Putin ein „lupenreiner Demokrat" ist,
dass der überhastete Ausstieg aus der Atomenergie klug war oder Deutschland sicherer gemacht hat,
dass es auch bei Menschenaffen Homosexualität gibt,
dass der Christopher-Street-Day dem Kölner Karneval Konkurrenz machen kann,
dass die DDR kein miefiger und kleinkarierter Unrechtsstaat war,
dass ein monochromes schwarzes Quadrat oder eine umgedrehte Kloschüssel Kunst ist,
dass nach einer totalen Dekarbonisierung die wachsende Weltbevölkerung ernährt werden kann,
dass Junkies zur Elite der Nation gehören,
dass es immer einen Weg gibt, wo ein Wille vorhanden ist (Gegenbeispiel: 150 Menschen in einem abstürzenden Flugzeug wollen leben),
dass die EU und der Euro scheitern, wenn der Euro in Griechenland scheitert,
dass die gewaltigen Flüchtlingsströme nach Europa an

sich kein Problem sind. Das Problem seien rigorose mitleidslose Beamte, die Gesetze einzuhalten versuchten, und fremdenfeindliche Bürger,
dass die Paläosozialisten oder Etatisten bessere Gründe für einen humanen Gesellschaftsentwurf haben als die Neoliberalen.
(Fortsetzung folgt)

## Den Sozialismus in seinem Lauf
05.07.2015

halten weder Ochs noch Esel auf. Syriza will in Griechenland und dann in ganz Europa eine sozialistische Gesellschaft schaffen nach dem kommunistischem Motto: „Was Dein ist, ist auch Mein". Denn die Meinung herrscht vor (z.B. bei Giorgos Chondros, einem Syriza-Funktionär), dass in Europa genug Reichtum vorhanden sei. Man müsse es nur gerecht verteilen.
Kurz vor dem Paradies glaubt Tsipras sogar, den Griechen „Stolz und Würde" wiedergegeben zu haben. Dieser Glaube stimmt aber nicht mit den Schlangen vor den Geldautomaten überein.

## Das Wasser fließt niemals bergauf
05.07.2015

Wenn Syrizas Anhänger in Griechenland mit ihrem „Nein" das Referendum tatsächlich gewonnen haben, dann ist das Verhältnis von Kreditgebern und Kreditnehmern auf den Kopf gestellt. Es lautet in griechischer Version:
„Wir wollen Geld haben, aber zu unseren Bedingungen".
Wenn dieser absurde Wunsch einer griechischen Mehrheit Erfolg haben sollte, dann fließt auch das

Wasser bergauf. Nur Sophisten können weiter über diesen Widersinn diskutieren.

Und da ist sie wieder! Die deutsche absurde Linke fordert, dass die europäischen Institutionen das absurde Wählervotum ernst nehmen müssen.

Man sollte den Griechen vorschlagen, die „Bank zu wechseln", wenn sie Geld haben wollen und mit den Bedingungen der bisherigen Bank nicht einverstanden sind.

## Antibajuwarismus

05.07.2015

Mit klammheimlicher Freude stellt ein Artikel in der WamS vom 05.07. fest, dass nun auch im stolzen und störrischen Bayern der „Niedergang" begonnen hat, was heißen soll, dass sich auch in diesem schönen Land die „Moderne" ausbreitet. Mit einigen Beispielen (Niederlage beim Mautprojekt, Windspargel am Starnberger See) soll die Angst der Bayern belegt werden, dass sich die „nichtsnutzigen Nordlichter" und die „norddeutsch-protestantische Öko-Mafia" auch in Bayern immer mehr einschleicht.

Diesen angeblichen Niedergang haben die zögerlichen Hamlet-Deutschen schon immer ersehnt. Und neben dem Antiamerikanismus war immer schon ein Antibajuwarismus in Deutschland nördlich der Mainlinie verbreitet.

Das liegt u.a. daran, dass viele Amerikaner zum Entsetzen der Linken den Namen „Karl Marx" noch nicht einmal kennen, und das viele Bayern mit linken Ideen des Ehepaares Wagenknecht/Lafontaine nur wenig anzufangen wissen.

# Fragen zur EU und zum Euro

04.07.2015

Kann ich später einmal in einem „immer enger zusammenwachsenden Europa" auch so witzige Typen wie Varoufakis oder Tsipras in wichtige europäische Institutionen wählen?

Mit welcher Sprache spricht ein „Bundesstaat Europa"?

Haben die Staaten Europas: Spanien, Portugal, Irland, von denen behauptet wird, sie hätten ihre Wirtschafts- und Finanzkrise (fast) überwunden, die Probleme mit neosozialistischen Methoden oder mit dem vielgescholtenen „Neoliberalismus" gemindert oder gar beseitigt?

Ist die Europäische Union wirklich eine nahezu „sakrale Wesenheit", für die sie „verbohrte Fürsprecher wie Herr Juncker" oder „Durchhaltestrategen a la Elmar Brok" erklären?

Muss man über den Ausstieg Griechenlands aus der Euro-Zone mit ärgerlichem „apokalyptischem Pathos" diskutieren?
(Zitate von Thomas Schmid in : WELT vom 04.07.)

# Potpourri: Referenden-Armut-Demokratie-Gerechtigkeit

03.07.2015

Geredet wird nur über das bizarre Referendum in Griechenland. Vermittelt wird der Eindruck, dass in Griechenland bis auf einige Oligarchen nur noch hungernde Rentner und weitere bemitleidenswerte arme Menschen leben.

Warum wird in Euroländern nicht auch einmal ein Referendum abgehalten über weitere Hilfen und Kredite an Griechenland? Da werden vielgepriesene demokratische Prinzipien ignoriert. Ersatzweise könnten sich die bekannten Entscheider freiwillig einem Intelligenztest unterziehen.
Warum wird nicht auch einmal über die Lebensbedingungen der Rentner und der ärmeren Bevölkerung in Estland, Lettland oder der Slowakei berichtet? Aus Gründen der Gerechtigkeit sollten nicht die lautesten Schreihälse belohnt werden.

## Doppelblind und doppelblöde

02.07.2015

In der Griechenlandkrise geht es einerseits darum, offenkundige Realitäten einzuschätzen, z.B. den Wert und die Wirkung von griechischen Reformvorschlägen. Die Institutionen darf man zwar nicht für einen Großplan loben (Die EU und der Euro sterben nicht, wenn Griechenland beides zeitweilig verlässt), sehr wohl jedoch für ihre einzelnen Reaktionen auf diesem Gebiet. Die griechische Regierung aber macht ihre ideologische Verbohrtheit blind und blöde für ihre absurden Vorschläge und Handlungen.
Andererseits hindert die ideologische Europavernarrtheit die EU-Akteure daran, zukünftiges Handeln von Tsipras und Varoufakis vorauszusehen. Sie sind für deren irren „Gotteswind"- (Kamikaze-) Kurs blind und blöde. Syriza und Freunde scheinen auch intellektuell den komplexen Problemen dieser Welt nicht gewachsen zu sein. Die DDR lässt grüßen.

# Blogs im Mai 2015

## Gleichgeschlechtlich Liebende

31.05.2015

Ich bin recht erstaunt, wie viele Schwule und Lesben es gibt und die gegenwärtigen Medienbilder und Texte füllen. Da kommt man sich als heterosexueller ja fast in der Minderheit vor. Ich bin auch recht erstaunt, wie viele Schwule und Lesben unter Journalisten und Politikern wortgewaltig um ihre geforderten Rechte zur staatlichen Gleichstellung kämpfen. Nun können sie aber sämtliche rhetorischen Topoi und Tricks seit Demosthenes anwenden: Homosexualität und Heterosexualität werden durch Worte nicht gleich, genauso wenig wie blond und brünett. Auch brauchen Homosexuelle beim Liebesspiel keine Verhütungsmittel benutzen, um Schwangerschaften zu vermeiden. Das spart!

Auch auf das geforderte Recht nach voller Adoptionsmöglichkeit sollten die Schwulen und Lesben freiwillig verzichten und die gewichtigen Argumente der Gegner einsehen. Seriöse Kinderpsychologen können (hoffentlich) nachweisen, dass Kinder für ihre glückliche Entwicklung das Recht auf Vater und Mutter haben, auf männlichen und weiblichen Einfluss.

Es geht bei diesem Problem auch gar nicht um behauptete angemaßte moralische Maßstäbe oder puritanische Werte, sondern um Prinzipien wie:

„Nicht eingeforderte Geschenke müssen erfüllt werden, sondern Leistung - das Kinderkriegen - muss belohnt werden".

„Die Demographie erfordert Schutz und Förderung von Kindern". Wer sollte denn in Zukunft die Rentenzahlungen garantieren oder den Bestand der

Nation?

Einige der argumentativen Volten zur Homoehe und zur Adoption grenzen schon an Satire. Dazu ein paar Beispiele:
Auch heterosexuelle Paare könnten oder wollten aus verschiedenen Gründen keine Kinder bekommen und glichen somit den homosexuellen Paaren. Dabei wird aber verkannt, dass letztere prinzipiell keine Kinder bekommen können. Da gibt es keine Gründe für Kinderlosigkeit wie Krankheit, Alter oder Wille.
Das Grundgesetz spreche zwar davon, dass Ehe und Familie unter dem besonderen Schutz des Staates stehen. Aber es gäbe keine Definition für beide Begriffe.
Das Bundesverfassungsgericht werde die homosexuelle Ehe einfordern und damit der Mehrheit der Deutschen entsprechen.
Die Schwulenehe stabilisiere die Schwulen, da sie in eine Verantwortungsgemeinschaft einträten.
Erst die Homosexuellen haben gezeigt, was Ehe sein kann: die freie Entscheidung, einem Partner zuzugehören.
Und zum Schluss nehme ich all meinen Mut zusammen und oute mich: Ich bin teilhomophob. Ich mag die versexten Typen vom Christopher-Street-Day nicht. Mir sträuben sich die Haare, wenn zwei Schwule in der Öffentlichkeit intimste Küsse austauschen. Bei einigen schwulen VIPs habe ich bisweilen das Gefühl, dass sie ihre adoptierten Kinder wie Statussymbole und Trophäen mit gefälschtem Gleichheitsstolz herumtragen. Schwule und Lesben können sich gleichgeschlechtlich lieben, so viel sie wollen, aber bitte nicht so manisch-penetrant.
Dennoch: Ich liebe Euch doch alle und suche nach Gründen für Polygamie.

# Uneingeschränktes Adoptionsrecht für Homosexuelle



Soweit mir bekannt, gibt es in Deutschland zwischen einer Ehe zweier Heterosexueller und der Lebenspartnerschaft zweier Homosexueller rechtlich nur noch zwei kleine Unterschiede, nämlich im vollen Adoptionsrecht und in der Begrifflichkeit: Ehe oder Lebenspartnerschaft, und sie bestehen darauf, ihre Verbindung „Ehe" nennen zu können. Der Kampf um Begriffe müsste so fanatisch und ideologisch nicht geführt werden. Denn eigentlich geht es doch um Liebe und nicht um Worte. Mir ist es eigentlich vollkommen egal, ob meine 47 Jahre dauernde Verbindung „Ehe" oder „Lebenspartnerschaft" genannt wird.
Der Anspruch der Homosexuellen auch Kinder uneingeschränkt adoptieren zu dürfen, ist aber nicht zu begründen. Es wird immer wieder darauf hingewiesen, dass Kinder für ein späteres glückliches Leben ein Recht auf Vater und Mutter haben, und dass sich Kinder nicht positiv entwickeln könnten, wenn sie in der Kita und der Grundschule nur noch von Frauen unterrichtet werden.
Gegen die unbeschränkte Adoption gibt es noch einen gewichtigeren Grund: Ein Kind entsteht auch heute immer noch aus einer Eizelle und einer Samenzelle. Aus zwei Spermien oder zwei Eizellen gibt's keine Kinder. Das wenigstens ist also noch nicht „modern". Also ist der Anspruch auf ein Kind nicht gerechtfertigt. Denn die Zeugung ist ein schwieriger, komplizierter Akt, voller Mühe, Schweiß und Arbeit und permanenter Angst um erektile Funktionen. Die Forderung von Homosexuellen nach Kindern ist also genauso unberechtigt, wie die Forderung, ohne Leistung wie die

Fernseh-Geissens leben zu können.
Und zum Schluss: Ich kenne ein solides heterosexuelles Ehepaar, das sich vor einigen Jahren intensivst bemüht hat, ein Kind zu adoptieren. Sie haben diese Bemühung genervt aufgegeben, weil die bürokratischen Hürden zu hoch waren. Und nun soll es fortschrittlich und tolerant sein, für volles Adoptionsrecht von Homosexuellen zu stimmen?

## Allahu akbar

25.05.2015

„Islamophob" gilt als Schimpfwort, „islamkritisch" ist auch wenig progressiv oder tolerant. Das darf man einfach nicht sein, wenn man in Talkshows beklatscht werden will. Was soll ich nun sein, um im Mainstream ohne Tadel mit zu schwimmen? Ich entscheide mich dafür, „islamophil" zu sein, und zwar mit allen Konsequenzen, die diese Einstellung mit sich bringt. Ich muss alles „lieben", was gegenwärtig Gläubige, die sich zum Islam bekennen, an Taten und Untaten vollbringen oder an kulturellen Prägungen mit sich bringen.
Allahu akbar!

## AfD im „Stern" Nr.22

25.05.2015

Der Journalist Tilman Gerwien liefert im „Stern" (Nr.22), der u.a. Helmut Kohl schlimmes Unrecht angetan hat, mal wieder einen Artikel ab, der voller Ressentiments steckt und der genau in das Schema der hyperkritischen Berichterstattung und Meinungsmache gegen die AfD passt. Es wird mit politischen und moralischen Oberbegriffen hantiert, ohne den konkreten Thesen der AfD konkrete eigene Argumente und Meinungen entgegenzusetzen. Dazu zwei Beispiele: Es wird kritisiert, dass die AfD in Wahlkämpfen Plakate klebte, die fast deckungsgleich mit NPD-Parolen waren:„Wir sind nicht das Weltsozialamt". Welches wäre da die Gegenmeinung? Oder: „Wir können nicht alle Flüchtlinge aufnehmen, die zu uns wollen". Ist das nun richtig oder falsch? Man nimmt an, dass die Menschen hinlänglich negativ manipuliert werden, wenn man davon redet, ein wirtschaftsliberaler Flügel kämpfe gegen national-konservative Bataillone, notorische Querulanten und Karrieristen hätten sich in der AfD versammelt. Wie erfolgreich diese Manipulation ist, geht aus einer Forsa-Umfrage hervor, wonach 68 Prozent der Deutschen glaubt, dass die AfD keine Zukunft hat. Aber die Zustimmung zu zentralen Inhalten der AfD ist um einiges größer. 31 Prozent sind für die Beendigung der Euro-Rettungspolitik, 44 Prozent für eine strikte Begrenzung der Zuwanderung. Diese Diskrepanz ist eigentlich nur so zu erklären, dass deutsche Medien und Politiker aus allen Rohren feuern gegen die Mainstream-Störer und gegen diesen lästigen Konkurrenten.

Und den Gipfel der journalistischen Unfairness erreicht Tilman Gerwien, wenn er die Wahltaktik der AfD, unzufriedene Bürger mit verschiedenen Interessen „einzusammeln", als „Arbeitsteilung, als ein Spiel mit dem BÖSEN" bezeichnet.

Ich schlage Tilman Gerwien und Laura Himmelreich für einen zu gründenden „Manipulatoren-Reward" vor.

## Das öffentliche Geheimnis

24.05.2015

Hans-Christian Ströbele, vorbestrafter Politiker der Grünen im Zusammenhang mit den RAF-Terroristen und Mitglied einer Partei, die vor allem in den 80er-Jahren nicht nur bei radikalen Minderheiten, sondern bis in den Mainstream hinein eine verquere Gedankenwelt zum Sex mit Kindern offenbarte, ermahnte mit seiner ebenfalls verqueren Gedankenwelt den deutschen Bundestag, nicht gegen „das Linsengericht eines Ermittlungsbeauftragten" in der NSA-Affäre die Kontrollmöglichkeiten des Parlamentes aufzugeben.

SPD-Fraktionschef Oppermann hält das Misstrauen der Bundesregierung, zu der auch er gehört, in Sachen NSA gegenüber dem Parlament, in dem viele „Ströbeles" sitzen, für nicht berechtigt. Er will aber in jedem Fall weiterhin mit der NSA kooperieren, weil wir es uns nicht leisten könnten, „die Zusammenarbeit mit den amerikanischen Diensten zu kündigen".

Eine Kündigung muss er auch gar nicht mehr aussprechen, denn das soll der US-Geheimdienstdirektor Clapper bereits getan haben. In einer Weisung soll er verfügt haben, gemeinsame Projekte und geplante Kooperationen mit dem BND zu stoppen, weil man sich auf die Deutschen beim Schutz als geheim eingestufter Dokumente nicht mehr verlassen könne.

Dabei handelt es sich sicher nicht um Panikmache, denn unser Justizminister Heiko Maas (SPD) hat ein in der Welt einmaliges Verfahren angedroht, dass der BND künftig melden solle (den Terroristen und Kriegsverbrechern dieser Welt?), in welcher Weise er Ausländer im Ausland ausspäht.

Die Inszenierung des angeblichen NSA/BND-Skandals könnte im Jahre 2015 den Stoff liefern für eine Komödie mit einem seit dem 17.Jahrhundert bekannten Titel:

„Das öffentliche Geheimnis".

# Eurovision Songcontest



Ich hoffe, dass beim Eurovisio Songcontest die finnische Band, in der drei Musiker das Down-Syndrom haben und einer Autist ist, mehr als nur einen Achtungserfolg erringen. Denn diese Musiker könnten in ihrer Natürlichkeit mehr für Toleranz und Mitmenschlichkeit erreichen als die künstliche Wurst,Conchita.

# Cameronismus



David Cameron schert sich aus Angst vor dem Ausgang seines versprochenen Referendums einen Dreck um „das Politische" in der Europäischen Union. Und ihm werden beträchtliche Zugeständnisse in Aussicht gestellt.
In Deutschland und von einigen Exponenten der EU hingegen gilt „das Politische" als letztes emotionales Totschlagsargument, wenn einige sachliche Gründe gegen den Euro und die EU rational nur schwer widerlegt werden können. Und EU- und Euroliebhaber sind offenbar bereit, Lasten zu tragen, die England verursacht.

# Geständnis



Ich bin alkoholkrank und habe verzweifelt nach einer Institution gesucht, die mir kostenlos Substitutionsmittel zur Verfügung stellt. Wenn das nicht gelingt, werde ich auf Cannabiskonsum ausweichen müssen, um mir meinen legitimen, demnächst wohl auch legalen Rausch kommen zu lassen. Ich bin beruhigt, dass ich eventuell anfallende Krankheitskosten nicht zu tragen habe, da ich mittellos bin.

## Bereich des Wahrscheinlichen

21.05.2015

Wenn jemand an starken Schmerzen aufgrund einer Arthrose leidet, dann „rückt eine Endoprothese in den Bereich des Wahrscheinlichen". Warum aber soll man eigentlich die Leiden ertragen bis zu einer unvermeidlichen Operation?
Wenn Putin in der Ukraine seine „Separatisten" von der Kette lässt mit dem Ziel, Mariupol anzugreifen und eine Landverbindung zur Krim herzustellen, dann „rückt eine westliche, vor allem amerikanische Waffenhilfe an Kiew in den Bereich des Wahrscheinlichen". Warum aber werden Verteidigungswaffen nicht schon jetzt geliefert, um Mariupol zu schützen und den Weg zur Krim für Putin unkalkulierbar zu machen?
Wenn Griechenland seine Reformversprechen nicht erfüllt, dann „rückt ein Grexit in den Bereich des Wahrscheinlichen" Warum hat man mit dieser Konsequenz schon jahrelang gewartet? Die Kosten haben sich durch das Warten vervielfacht. Die Welt, Europa und das „Politische" werden nicht untergehen, wenn Griechenland die EU und den Euroraum verlassen muss.
Auch die Atombombe des Iran „rückt in den Bereich des „Wahrscheinlichen".

Leider aber rücken Entscheidungen über definitive Operationen, die in der Tat mit Risiko behaftet sind, wahrscheinlich nicht in den „Bereich des Wahrscheinlichen". Nur - Abwarten ist auch nicht risikofrei.

# Selektoren

20.05.2015

Es wird Zeit, dass Lucke im AfD-Streit alle inhaltlichen „Selektoren" preisgibt, weshalb er letztlich doch wohl gemäßigte Parteimitglieder wie Petry, Adam und Gauland aus der Verantwortung drängen will. Es sollte nicht der Verdacht aufkommen, dass persönliche Animositäten oder Machtkämpfe im Spiele seien. Lucke muss der sympathisierenden Öffentlichkeit mitteilen, welche Positionen er für eine gemeinsame AfD ablehnt. Der Hinweis, man müsse die Partei von „unanständigen Elementen säubern" ist kein konkreter „ Selektor". Die Partei war doch auf einem guten Weg, da ja ihre Positionen immer häufiger von neutralen Institutionen übernommen werden. Andererseits ist völlig klar, dass in der AfD keine rechtsextremen Meinungen eine Heimat finden dürfen.

# AfD, Abschiebungen, Euroregeln, Europa

19.05.2015

Ist es nicht schrecklich, wohin die AfD Deutschland und Europa treiben will?:

Scharf wird die lasche Abschiebepraxis der bundesdeutschen Behörden kritisiert, weil Rückführungen von abgelehnten Asylbewerbern „nicht mehr als politisch gewolltes und gesetzlich vorgegebenes Mittel zur Bekämpfung der ungesteuerten illegalen Zuwanderung anerkannt" werden. Abschiebungen fänden „seit vielen Jahren in einem Klima der Ächtung und Ablehnung" statt. Kirchen, Gewerkschaften, Wohlfahrtsverbände, politische Parteien stellten Abschiebung als „einen Akt

inhumanen staatlichen Handelns dar".
Und es kommt noch schlimmer:
„Europa muss Festung sein. Wir dürfen uns nicht vor den Flüchtlingen verschließen, heißt es. Aber unkontrollierte Zuwanderung ist kein Menschenrecht, sondern führt in den unerklärten Bürgerkrieg".
Auch mit der Euro-Zone könne man hart ins Gericht gehen. Der „verständnisvolle Umgang der EU-Kommission mit den Schuldenländern Europas" sei ärgerlich. Da das fiskalische Regelwerk an vielen Stellen so dehnbar ausgestaltet und ausgelegt" werde, könne keine „verlässliche und nachvollziehbare Regelbindung erreicht werden". Aufgrund einer überbordenden Schuldenpolitik fielen die Kapitalmärkte als mögliches Korrektiv für fiskalische Solidität aus.
Und nun die wahrscheinlich überraschende Auflösung: Nicht die böse AfD - wie vermutet - hat diese Meinungen geäußert, sondern der Reihe nach
die Bund-Länder-Arbeitsgruppe Rückführung,
Dirk Schümer in WELT vom 18.05.2015,
die Deutsche Bundesbank.

## NPD und MUSLIMBRÜDER

18.05.2015

Das darf doch nicht wahr sein!
Ägyptische Juristen, die dem vom „Demos" positiv aufgenommenen Präsidenten al-Sisi nahestehen, kritisieren, dass Deutschland ein Verbot der NPD erwägt mit der Begründung, diese Partei wolle die Verfassung der Bundesrepublik ändern. Denn dieselben Juristen haben ja gerade erst den ehemaligen Präsidenten Mursi und einige seiner Muslimbrüder, die im Begriff waren, das Land gegen den Willen des Volkes zu islamisieren, zum Tode verurteilt, weil sie ägyptisches Recht gebeugt haben

und weiterhin ändern wollen. Was wird denn aus unserer Welt, wenn demokratische Wahlen nicht mehr ausreichende Bedingung sind für demokratische Demokratien?

## Der aufgeblasene Frosch

17.05.2015

Die aufgeblasene Diskussion der SPD und der weiteren Opposition um NSA und BND hat sich schleichend zu einem politisch-taktischen Vorwurf gegen Angela Merkel und die Union entwickelt. Es geht gar nicht mehr um wahrheitsgemäße Aufklärung, denn dabei wird sich wahrscheinlich herausstellen, dass BND und NSA effektiv zusammen gearbeitet haben gegen Terrorismus und illegale Waren- und Waffenlieferungen an Problemstaaten.
Wer glaubt eigentlich wirklich, dass die Amerikaner Spionage und Informationssammlung für die Sicherheit ihres Landes einstellen werden, nur weil ein paar naive, im Weltmaßstab völlig unbekannte Politiker ihre Wählerquoten steigern wollen.
Wer glaubt eigentlich wirklich, dass der BND sich dafür einspannen ließ, klassische Produkt- und Wirtschaftsspionage für die USA zu betreiben.
Diese absurde Situation wird treffend beschrieben in einer Fabel des Aesop mit dem Titel:
„Der aufgeblasene Frosch":

Einmal hockte ein dicker Frosch (Deutschland) inmitten einer Schar kleiner Frösche (EU) im Sumpf und sah zu, wie sie im moorigen Wasser umher planschten und spielten (mit Schulden und militärischer Schwäche). Da entdeckte er am Rande des Sumpfes einen Ochsen, der gemächlich die saftigen Sumpfpflanzen abfraß. Der Ochse war groß und fett und stark (USA).

„Warum bin ich nicht so groß wie er", fragte sich der Frosch, und es kränkte ihn, dass er kleiner war. „Aber ich kann mich aufblasen", sagte er, „und dann werde ich gewiss so groß sein wie er".

Er pumpte sich voll mit Luft und rief den anderen Fröschen zu:"Bin ich nun so groß wie der Ochse?" - „Nein", quakten die kleinen Frösche. Der Frosch blies sich noch stärker auf und fragte wieder:"Bin ich jetzt so groß?" - „Noch immer nicht", antworteten die kleinen Frösche.

Nun dachte der Frosch, dass nicht mehr viel fehlen könne, blähte sich mit letzter Kraft noch stärker auf - und da zerplatzte er! (Die NSA stellt die Zusammenarbeit mit dem BND ein).

## Europa - EU - Euroraum

15.05.2015

In den Reden zu Europa durchschaue ich nicht mehr die Zahlen und Begriffe, die in den Raum geworfen werden, besonders auch jetzt zur Verleihung des Karlspreises an den „EU"-Parlamentspräsidenten Martin Schulz.

Es gibt aufgrund definierter Kriterien 47 Länder in „Europa". Davon sind gegenwärtig 28 Länder Mitglieder der Europäischen Union („EU"). und von diesen 28 „EU"-Ländern sind wiederum nur 19 im „Euroraum". Was soll es also bedeuten, wenn die Kanzlerin davon gesprochen hat, dass „Europa" scheitert, wenn der „Euro" scheitert? Welchen Sinn hat es, wenn Martin Schulz in seiner Festrede davon spricht, dass „Europa" als Gemeinschaft von Staaten und Völkern herausragende Rechte garantiere, und dass ein gemeinsames „Europa" (oder die „EU" (?) oder der „Euroraum" (?)) den Menschen „seit 70 Jahren Frieden geschenkt" habe?

Die Begrifflichkeit mag im Kopf der Sprecher sinnvoll sein, allerdings möchte ich sie auch verstehen.

Mir sollte von Politikern erklärt werden, warum Dänemark, Norwegen, Schweden und Großbritannien nicht im „Euroraum" sind, Norwegen und alle restlichen 18 europäischen Nicht-„EU"-Länder noch nicht einmal in der so attraktiven „EU"? Haben die etwa den 70-jährigen Frieden gestört? Warum will Polen den Sloty behalten, und warum will auch von den anderen „EU"-Mitgliedsstaaten, die noch nicht im „Euroraum" sind, allein Rumänien in den Euro? Warum hat sich Griechenland in den „Euroraum" geschummelt und steckt jetzt tief in der Krise?

Mir sollte erklärt werden warum ein europäischer „Staatenbund" mit einigen klugen übergeordneten Institutionen nicht viel interessanter und bunter ist als ein zentralisierter „Bundesstaat" in dem es zwangsläufig auch zu Transferzahlungen in solche Länder kommen wird, die regional schlecht regiert werden.

Als Fortschritt ist mittlerweile zu verzeichnen, dass auch die fundamentalistischen „EU-philen" die Kritik der Kritiker als berechtigt ansehen, - Stichwort: Krümmung der Gurke.

Wie „Mitschnacker" sprechen Politiker gern und häufig davon, dass sie „das Volk mitnehmen" wollen. In diesem inhaltlichen und formalen Wirrwarr fühle ich mich bisher aber nur von wenigen „mitgenommen", darunter von Hans-Olaf Henkel. In Talkshows werden seine Argumente nicht redlich widerlegt, sondern wenn gar nichts mehr geht, wirft man ihm vor, er durchschaue nicht die „politischen" Implikationen seiner Kritik.

Und dann werde ich auch noch allein gelassen mit einem weiteren „Wackelpeter":dem „Politischen".

# Vom Drachen befreit - nach dem Sieg über ihn



Richard von Weizsäcker wird gelobt, weil er in seiner wohl berühmtesten Rede zum 40. Jahrestages des Endes des Zweiten Weltkrieges Folgendes formuliert hat: „Der 8.Mai war ein Tag der Befreiung. Er hat uns alle befreit von dem menschenverachtenden System der nationalsozialistischen Gewaltherrschaft". Helmut Kohl hatte siebzehn Tage vor dieser Rede ebenfalls den Begriff „Befreiung" benutzt, allerdings im KZ Bergen-Belsen.
Aufgrund eines Leserbriefes kommen mir Zweifel an dieser überschwänglich gelobten Wortwahl des ehemaligen Bundespräsidenten.
Deutsche, die unter dem Naziregime gelitten haben, und Überlebende der KZs, die unermessliche Qualen erleiden mussten, sind tatsächlich „befreit" worden. Andere, die Hitler und seine unmenschliche Ideologie bewunderten, sind nicht „befreit" worden, sondern sie mussten „besiegt" werden. Dieses Gefühl hatten die Unverbesserlichen noch lange Zeit nach Kriegsende. Und auch das Ziel der Alliierten war es zu allererst, die mörderischen deutschen Verbrecher und ihre Soldaten zu „besiegen", nicht zu „befreien".
Irgendwann aber haben die meisten dann doch wohl eingesehen, dass sie von einer menschverachtenden Ideologie befreit worden sind. Der 8. Mai 1945 war also für viele ehemalige Nazis kein punktuelles Ereignis der Befreiung, sondern es war -  beginnend mit diesem Tag - ein langer Prozess, bei vielen ein zu langer - bis heute.

# Die „Berliner Bauern"

11.05.2015

Die letzten zu Skandalen aufgeblasenen, im Detail noch gar nicht aufgedeckten Probleme: MAD, NSA, G36 erinnern mich an eine Stelle aus Ovids „Metamorphosen", wo die verärgerte Göttin Latona die „lykischen Bauern", die ihr halbverdurstet das Trinken aus einem See verweigerten, in Frösche verwandelt. Der bekannte Satz lautet auf Latein:
Quamvis sint sub aqua, sub aqua , maledicere temptant und kann frei so etwa übersetzt werden: Obwohl sie bereits abgesoffen sind, reißen sie immer noch das Maul auf.
Auch Schäfer-Gümbel, Fahimi, Göring-Eckard, Wagenknecht, Klaus Ernst, Ströbele und viele andere Redner aus dem zweiten Glied sehen mal wieder ihre Chance, in den Medien genannt zu werden und Angela zu ärgern.

# „Warum"-Fragen zum Sonntag

10.05.2015

Warum gibt es in Deutschland keine Lichterketten gegen Linksextremismus?

Warum wird von linken und grünen Kritikern in der NSA-„Affäre" nicht gefragt, ob die Inhalte der „Selektoren" begründet waren oder nicht?
(Kann der Grund gewesen sein, dass sie bei vielen linken und grünen Kritikern berechtigt waren?)

# Mistral, Mänaden und Hypes

10.05.2015

Es gibt Phänomene aus ganz unterschiedlichen

Bereichen des physischen und des geistigen Lebens, die sich in ihrer Struktur gleichen.

Ausläufer des kalten Fallwindes „Mistral", der durch das Rhonetal fegt, spürt man auch in dem westlich davon gelegenen Gebirgsmassiv der Cevennen. Diese Winde kündigen sich kurz vorher durch ein stärker werdendes Brausen und Dröhnen an, sie sausen wie ein TGV mit furchtbarem Getöse durch die Gebirgshäuser, heben bisweilen sogar die Dächer an und verschwinden wieder im Nirgendwo.

Dieselbe strukturelle Erscheinung wird in der griechischen Mythologie beschrieben, wenn die Mänaden, Begleiterinnen des Dionysos, Gott des Rausches und der Unordnung, diesen Gott als Priesterinnen rauschhaft und rasend verehren, Täler und Höhen mit lauten , heulenden Gesängen erfüllen und manchmal sogar im orgiastischen Wahn Tiere und Menschen zerreißen.

Im Bereich der Mediengesellschaft und der Politik kennt man den „Hype", der wie ein Vulkan kommt und Feuer spuckt, eine Zeit lang bleibt und wieder geht.

Banal gesprochen: dann und wann wird eine Sau unter Gejohle durchs Dorf getrieben und verschwindet auf Nimmerwiedersehen im Schlachthof der Geschichte: Spendenaffäre und Helmut Kohl, Plagiate und Karl-Theodor zu Guttenberg, Dirndl-Sexismus und Rainer Brüderle, Homosexualität als personale Identität, Spionage und der grüne obligatorische Jäger Hans-Christian Ströbele.

Und ich fahre derweil mit meinem Faltboot auf der Weser und fühle mich dabei wie ein „Schweinchen aus der Herde Epikurs".

# Auch Dinos können sterben

10.05.2015

Das stereotype Argument, dass sich nur ein vereintes Groß-Europa im Konzert der Weltmächte behaupten kann, wird offenbar nicht bezweifelt. Ist diese Zustimmung berechtigt? Denn es sind ja auch Großreiche in der Vergangenheit verschwunden. Hinter der Größe müssen doch Wirtschaftskraft, Innovationspotenz und Erfindergeist, Fortschrittswillen und exzellente Erzeugnisse stehen, sowie eine auf Vernunft basierte Politik. Tumbe Größe ohne Hirn stirbt aus, wie man an den Dinosauriern erkennen kann. China und andere Staaten werden auch in Zukunft keine „europäischen" Maschinen und „europäische" Autos kaufen, sondern Produkte „made in Germany", sofern sie besser sind als andere. Und auch im Ukrainekrieg haben nicht die Europäer Hollande und Merkel verhandelt, sondern ein Franzose und eine Deutsche, die gemeinsame Interessen haben.

# Sigmar und Jakob

09.05.2015

Sigmar Gabriel nutzt die Wahrheit des lateinischen Spruches: Calumniare audacter, semper aliquid haeret (Verleumde kühn. Etwas bleibt immer hängen), indem er das Ansehen der Kanzlerin zu beschädigen versucht und den versteckten Verdacht äußert, sie vertusche mögliche illegale Aktionen des BND in Zusammenarbeit mit der NSA.
Jakob Augstein verfährt mit seiner Äußerung im „Spiegel", die NSA sei die „US-Stasi" einmal mehr nach seinem bekannten Motto: Augsteins bullshit ist der beste.

# Niederlage des Fastsozialismus

09.05.2015

Der überraschend klare Sieg der Tories hat auch überraschende Empathien ausgelöst. So machen sich einige EU-Gurus große Sorgen um die wirtschaftliche Stärke Großbritanniens nach einem Brexit. Ist das ein Zeichen dafür, wie eng Europa bereits - mindestens mental - zusammengewachsen ist?

Aber wenn auch der „Fastsozialismus" der Kontinental-EU mit allen Nachteilen des Sozialismus wie organisierte Verantwortungslosigkeit, Wettbewerbsfeindlichkeit, Kommandowirtschaft, Schuldenaffinität oder Egalitarismus in ganz Europa anscheinend gesiegt hat, so kämpft doch eine kleine Insel im Nordatlantik stur und mutig gegen das Imperium - ohne Rücksicht auf Brüsseler theoretisch definierte wirtschaftliche Prosperität.

# Beruf: Talkshowgast

07.05.2015

Es gibt viele Politiker und Journalisten, die viel Geld verdienen mit einer einzigen Qualifikation: Sie sind Talkshowgast - ohne jeglichen praktischen Nutzen oder mit positivem gesellschaftlichen Veränderungspotential. Sie werden daher auch schnell vergessen.

Ich bin nach kurzem Nachdenken bei meiner Zählung dieses Berufes auf 27 Personen aus Vergangenheit und Gegenwart gekommen. Bitte erstellen Sie mal eine eigene Statistik mit dem Selektor „Beruf: Talkshowgast"

# Ägypten



Frank-Walter Steinmeier war in Ägypten und hat dort eher diplomatisch als kritisch die politischen und gesellschaftlichen Verhältnisse angesprochen. Demnächst wird der ägyptische Präsident al-Sisi nach Deutschland kommen, und halbamtliche ägyptische Stellen und auch die NSA weisen bereits darauf hin, dass er eher kritisch als diplomatisch die Einführung der Notstandsgesetze in Deutschland vor fast 50 Jahren ansprechen wird.

Die Notstandsgesetze, eingebracht von der damaligen Großen Koalition, traten am 28.Juni 1968 in Kraft. Diese Gesetze enthalten Regelungen für den Verteidigungsfall, den Spannungsfall, den inneren Notstand und den Katastrophenfall. In diesen Fällen werden die Grundrechte eingeschränkt. Für die Mehrheit der Politiker waren diese Gesetze gerechtfertigt, um mehr Eigenständigkeit gegenüber den Siegermächten zu erreichen, und besonders auch wegen der Kaufhausbrandstiftung am 11.04.1968 in Berlin und massiven Ausschreitungen nach dem Attentat auf Rudi Dutschke. Die spätere RAF ließ grüßen.

Al-Sisi wird diese Gesetzgebung zwar nicht gleichsetzen mit denen in seinem Land, aber vergleichen wird er sie, da auch in Ägypten Gefahren für die junge gelenkte Demokratur bestehen.

# Pax Germanica



Linke, Grüne und entrüstete Kommentatoren des noch

nicht aufgeklärten Spionagefalles der NSA sollten sich dafür einsetzen, dass die immer noch wirkende Pax Americana durch die neue Ära einer Pax Germanica abgelöst wird.

Diesen hochmütigen Amis sollte endlich einmal rücksichtslos z.B. von den allmächtigen Göttern des Bundesverfassungsgerichtes der Marsch geblasen werden. Sie haben zwar den Hilfe schreienden Europäern bisweilen geholfen und dürfen gern in Schurkenstaaten spionieren; sie dürfen das aber nicht bei demokratischen Freunden, die sich teilweise für die Abschaffung der Nato einsetzen, Verständnis zeigen für arme ausgegrenzte Terroristen und wo einige Firmen illegal Rüstungsgüter in Krisengebiete liefern. Sie kümmern sich mit ihren eigenen und anderen viel zu geheimen Geheimdiensten um keine nationalen Gesetze. Sie verfolgen nur böse Ziele mit dem Scheinargument der Terrorabwehr, und 9/11 liegt nun wirklich schon lange zurück. Diese Barbaren ließen Osama-bin-Laden ohne Käßmann und Gerichtsurteil erschießen; sie schickten Tausende von GIs in einen sinnlosen Tod und verpulverten Hunderte von Milliarden Dollars für sinnlose Kriege. Da hielten sich die Europäer doch vornehm und schlau zurück! Sie dulden in ihrem weiten Land ohne schnelle Polizeipräsenz  eine irre Waffenlobby. Sie verweigern sich starrsinnig linken Ideen und vergöttern die Wallstreet als Wallfahrtsort.

Also:Her mit der Pax Germanica! Amen!

## Und es sprach Cem Özdemir

02.05.2015

In einem Interview der WELT vom 2.Mai sonderte unser Grüner Cem neben vielen erfundenen Problemen und Selbstverständlichkeiten die folgenden

Karnevalssprüche ab:

„Wir (er und der grüne Umweltminister von Schleswig-Holstein, Robert Habeck) schauen uns beide ein Problem an, bilden uns dazu eine Meinung und danach schauen wir, wie wir dafür eine Mehrheit finden“.
Das ist genial-einmalige Politik!

„Und Kindern aus nicht akademischen Familien müssen die Unis gleichermaßen offenstehen“.
Da die traditionellen Unis für diese armen Kinder offenbar vermauert sind, sollten die Grünen Universitäten-light als Einstiegs- und Förderinstitute gründen.

„Besser als der amtierende (BND-Chef) würden wir den Job sicher machen. Und mit den Bundestagsabgeordneten Konstantin von Notz, Irene Mihalic - übrigens eine Polizistin von Beruf - (deren tiefschürfende Weisheiten man kürzlich in einer Talkshow bewundern konnte), HANS-CHRISTIAN STRÖBELE oder Jan Philipp Albrecht im Europaparlament haben wir da exzellente Leute. Wenn es um Bürgerrechte geht, ist auf die großen Parteien im Zweifel kein Verlass“.
Auf die Idee, Ströbele als BND-Chef ins Gespräch zu bringen, kann wirklich nur dieser dünne Giacometti-Typ kommen. Und die Bürger wählen die großen Parteien nicht, obwohl sie ihnen die Rechte beschneiden.

„Eine liberale Innen- und Rechtspolitik ist ein zentraler Bestandteil unserer Programmatik...aber die Hamm-Brüchers, Baums und Hirschs gibt es dort (in der FDP) nicht mehr“.
Wenn die Grünen diese unsägliche Moralin getränkte „Dreierbande“ der FDP und dazu noch Heiko Maas

ersetzen und übertreffen wollen, dann könnten sie auch im „Schwarzen Block" mit marschieren.

# Blogs im April 2015

## Welchen Mehrwert bringt das Einziehen des Schwanzes ?

29.04.2015

Unser Außenminister Steinmeier will den Völkermord der nationalistischen Jungtürken an den Armeniern nicht „Völkermord" nennen aus Rücksicht auf die guten Beziehungen zur Türkei. Für andere Politiker und Intellektuelle hat es nur einen Holocaust gegeben, den Genozid an den Juden, das fabrikmäßige Ausrotten einer Rasse. Was an Gräueltaten davor und danach passiert ist darf nicht mit dem Begriff „Völkermord" bezeichnet werden. Das könnte den nationalsozialistischen Holocaust relativieren, und das lässt der „Schuldstolz" nicht zu.

„Der islamistische Terror hat nichts mit dem Islam zu tun". Nur Ignoranten und kritiklose Islamophile können in dieser Behauptung einen „Mehrwert" erkennen.

Die Entscheidung, den Ukrainern keine Verteidigungswaffen zu liefern, weil dadurch eventuell ein größerer Krieg entstehen könnte, verkennt den Großmachtwahn von Putin und den Russen. Diese werden versuchen unter Inkaufnahme von weiteren zahlreichen Toten, eine Landverbindung zur Krim zu erkämpfen.

Nur in Berlin gibt es eine statistische Erfassung der ethnischen Herkunft von Gesetzesbrechern. Man nimmt an, dass eine solche Statistik einen latenten Rassismus verstärkt aktivieren könnte. Einen Mehrwert zur Verbrechensbekämpfung gäbe es bei solcher

Erfassung nicht. das kann man auch anders sehen: Für Profiler, die bei der Typisierung und der Aufklärung von Verbrechen helfen, kann das Wissen um Nationalitäten von Wert sein. Clan-Strukturen können nur aufgedeckt werden nach Erkenntnissen über Einzeltäter. Polizeistreifen können Grenzen gezielter überwachen. Bei Einbrechern, die mit rumänischen oder bulgarischen Autokennzeichen unterwegs sind, wird die Polizei häufiger fündig. Auch ist es sinnvoll, das Milieu für Drogendelikte, Hütchenspieler, Einbrüche, Zwangsprostitution und Trickverbrechen nach ethnischer Herkunft zu analysieren. Dschihadistische Terrorakte werden nicht von Ostfriesen begangen.

Wir sollten ebenfalls nicht vergessen, dass es weiteres „Schwanzeinziehen" auch in der Vergangenheit gegeben hat:
1982 setzte Helmut Kohl die Nachrüstung gegen größte Widerstände mutig durch. Da gab es durchaus einen positiven Mehrwert; denn wahrscheinlich ist das Sowjetreich dadurch frühzeitiger zur Hölle gefahren. Wenn die „german angst" gesiegt hätte, wäre die Geschichte anders verlaufen.
2011 hat der japanische Tsunami auch die deutsche Gefühlswelt überrollt. Die panisch eingeleitete Energiewende ist weit entfernt von einem Mehrwert. Zunächst gibt's nur mehr Kosten. Aber immerhin lautet ein Kompromiss: Alle zusammen sind unglücklich über das Erreichte.
2011 hielt sich Deutschland aus dem Konflikt in Libyen heraus.. Da bestimmte nicht Angst die Entscheidung, sondern Egoismus und Feigheit. Obwohl der Kampf gegen Gaddafi als richtig bezeichnet wurde, sollten doch lieber die anderen ihre Toten beklagen und islamischen Terror auf sich ziehen.

# Nachtrag zum „Historikerstreit"



Ernst Nolte, dessen geschichtsphilosophischer Aufsatz 1986/87 den Historikerstreit auslöste, hatte die hypothetische Frage gestellt, ob Hitler durch die monströsen Untaten Stalins an den Ukrainern alle Skrupel verloren haben könnte bei seinem Genozid an den Juden. Einer der Hauptvorwürfe gegen ihn und andere, vom Nicht-Historiker Habermas zu Anfang erhoben und von unwissenschaftlichen Anschuldigungen trickreich begleitet, lautete: dadurch werde der „einmalige" Holocaust an den Juden relativiert. Nun hat im Zusammenhang mit der Diskussion um den Begriff „Völkermord" Bundespräsident Gauck an den Einsatzbefehl Hitlers erinnert zum Überfall auf Polen 1939, als dieser ankündigte „mitleidslos Mann, Weib und Kind polnischer Abstammung und Sprache in den Tod zu schicken". Damals habe Hitler in Erwartung eines kollektiven Desinteresses rhetorisch gefragt: „Wer redet heute noch von der Vernichtung der Armenier?"
Diese Formulierung, die ich beim Studium der damaligen Artikel und Beiträge nicht gefunden habe, könnte ein Indiz dafür sein, dass sich Hitler doch von anderen bis dahin unvorstellbaren Massenmorden zu eigenen furchtbaren Taten inspirieren ließ, und dass Nolte mit seiner Hypothese vielleicht doch Recht hatte.

## Auf dem Weg zur Katharer-Weltmacht. Die NSA-Spionage



Wir werden nur Frieden auf Erden haben, wenn die Sekte der „Reinen" in Deutschland Vorbild für die Welt sein wird. Zu den exponierten Vertretern dieser

Katharer gehören:

Sarah Wagenknecht, aus deren Kopf Karl Marx nicht entfleuchen kann wegen ihrer Betonfrisur. Eigentlich ist sie aber ganz sympathisch,

Ralf Stegner, der seine Mundwinkel aus Ekel vor der ungerechten Welt chirurgisch nach unten operieren ließ,

Christian Ströbele, trauert immer noch, dass er keinen Freispruch für die RAF erreichen konnte. Sein Erscheinen in den Medien ist voraussagbar, wenn es anscheinend nach Teufelsqualm riecht,

Oskar Lafontaine, der mit Mainstreamplattitüden von seiner Vielweiberei ablenken will,

Gregor Gysi, der schwebende Politiker mit Komödiantenstatus,

Jürgen Todenhöfer, der seine Todessehnsucht mit dem Argument der Suche nach verborgener Wahrheit, die aber jeder schon kennt, kaschiert,

Jakob Augstein, der mit Meinungen grassscher provozierender Unglaublichkeit auf sich aufmerksam machen muss.

Da die USA und ihr Schild des Kapitalismus, die NSA, gegen diese Friedenstruppe mit allen Mitteln kämpfen werden, wird es für sie ganz sicher ein schwerer Gang.

Ich fände es sehr interessant, welche Suchbegriffe (Selektoren) die NSA an den BND mit der Bitte um Information übermittelt hat. Dann könnte man entscheiden, ob Spionage - selbst unter Freunden (gegen Ströbele würde ich z.B. auch spionieren) - berechtigt war/ist oder nicht. Da können Hacker- und Cyberexperten mit Vollbart noch so laut aufjaulen.

Wenn aber die Katharer auf dieser Welt die Funktion der USA als immer noch ordnende Weltmacht übernommen haben, dann wird alle Spionage verschwinden, selbst gegen Feinde!

# Vorschlag zur künftigen Rentengestaltung

29.04.2015

Es ist errechnet worden, dass heute auf 100 Menschen im Erwerbsalter noch 34 Seniorinnen und Senioren kommen, während es im Jahre 2060 bereits 60 und damit beinahe doppelt so viele seien, sofern das Renteneintrittsalter nicht verändert wird und Zuwanderung nicht die Zahlen beeinflusst.
Um die Rentenversicherung zu entlasten und mehr Altersvorsorge anzuregen, sollte allen(!) Kinderlosen am Ende ihres Erwerbslebens die Summe genannt werden, die sie in die Rentenkasse eingezahlt haben. Sie sollten entscheiden können, ob sie sich diese Summe sofort auszahlen lassen oder verrenten wollen. Wenn das Geld dann - nach Berechnung von Zinsgewinnen - aufgebraucht ist, gibt es nur noch zu der Zeit gültige Sozialleistungen. Damit wird ein Stück Gerechtigkeit erreicht für diejenigen, die Kinder und damit Rentenzahler aufgezogen haben bisweilen unter beträchtlichem materiellen Verzicht.

Schnapsidee?

# Zwei Bonmots

29.04.2015

In der Griechenlandkrise ist es gelungen, die Stochastik mit einem Gesetz der Geometrie zu verbinden. Es ist nämlich gelungen, den Begriff „Wahrscheinlichkeit" durch alle Steigerungsformen bis zur Finalität zu deklinieren. Aber kurz davor greift das Gesetz, dass durch den Eurokörper unendlich viele griechische Reformverweigerungen gelegt werden können. Diese Gesetzmäßigkeit ist für einige jedoch nur schwer erträglich. Da hört man „Kragen platzen", die „Geduld wird verloren" und man läuft ohne Orientierung durch einen „Irrgarten".

„Zu Gott gehe ich selbst und zu Fuß. Ich brauche niemanden, der mir diese Reise organisiert".
(Kamel Daoud, algerischer Schriftsteller)

# Heidegger, Hitler und der real existierende Islamismus

29.04.2015

Wenn so viele Millionen auf den wahnsinnigen Politkasper Adolf Hitler reingefallen sind, - Charlie Chaplin und Max Liebermann haben das als einige wenige völlig richtig erkannt gegen damalige Geistesgrößen wie z.B. Martin Heidegger ( der in einer metaphysischen Tiefenvision wie der Vorsokratiker Parmenides „das Sein" als Einsheit gedeutet hat im Gegensatz zu Heraklit und der Johanna Spyris Kinderroman „Heidi" in weiten Teilen vorwegnahm), dann ist die Hoffnung, dass Propaganda und Manipulation zum Bösen nie wieder eine Chance in den Völkern haben wird, vergebens.
Wenn wir heute fassungslos über Sprache und Gehabe dieses Gröfaz lachen, dann kann dieses Lachen zur Zeit seines apokalyptischen Wirkens nicht falsch gewesen sein. Hitler hat es geschafft als Politclown so viele Deutsche in einen kollektiven Irrsinn zu treiben. Dasselbe passiert gerade wieder mit nicht unbedeutenden Massen von Muslimen und deren zahlreichen Vorkaspern, über die wir brüllend lachen sollten.

# Der Schah, Gaddafi, Assad und al-Sisi

29.04.2015

Wie viel Leid und wie viele Tote hätten vermieden werden können, wenn der Schah im Iran an der Regierung geblieben wäre? Diejenigen, die Verantwortung tragen, ihn abgesetzt zu haben, sollten dauernd gegen den Iran der Nach-Khomeini-Zeit protestieren.

Wie viel Leid und wie viele Tote hätten vermieden werden können, wenn der Diktator Gaddafi nicht vom Westen beseitigt worden wäre? Denn Libyen ist jetzt ein failed state geworden, in dem der brutale Bürgerkrieg viele Tote fordert, von dem aus die verzweifelten Menschen übers Mittelmeer zu fliehen versuchen und bei Schiffskatastrophen ihr Leben verlieren. Libyen, allein gelassen vom Westen, gilt heute als Haupttransitland für Flüchtlinge und als Hochburg für Schleuserbanden. Gaddafi soll geholfen haben, die Flüchtlingsströme von Europa fernzuhalten, wie es gegenwärtig Marokko macht, das die spanischen Enklaven Ceuta und Melilla nicht von Flüchtlingen überrennen lässt. Man gewinnt durch diese Hilfe Zeit, um die Einwanderung vernünftig zu steuern.

Wie viel Leid und wie viele Tote wird es geben, wenn Assad in Syrien dem IS und anderen Gräueltruppen weichen muss? In den Kommentaren liest man gegenwärtig immer häufiger, dass nicht Assad - in der Vergangenheit stereotyp als „Schlächter seines eigene Volkes" bezeichnet - vorwiegend Schuld daran ist, dass so viele Flüchtlinge das Land verlassen, sondern eher der IS und andere Machtclans. Wehe Syrien, wenn diese Gruppen in diesem Land „regieren" werden nach der Beseitigung von Assad!

Wie viel Leid und wie viele Tote wird es geben, wenn al- Sisi von Moslembrüdern oder extrem moralischen Demokratiefanatikern aus dem Westen abgeräumt wird?

## Brüder im Geiste

13.04.2015

Und ewig grüßt das Murmeltier: Islam
Selbst aufgeklärte und tolerante Islamwissenschaftler wie Mouhanad Khorchide, der an der Uni Münster junge Imame ausbildet, versuchen die Aggressivität aus dem Koran „hinauszuinterpretieren", indem sie darauf hinweisen, dass die Gewalt und Tötungen fordernden Suren nur im historischen Kontext zu sehen sind. Die noch junge Religion zu Mohammeds Zeiten und auch kurz danach musste sich gegen Andersgläubige und Ungläubige in Kriegen und mit Gräueln verteidigen. Sich auf diese Suren zu berufen, sei also ein Anachronismus.
Diese Sicht der historischen Vergangenheit ist aber keine akzeptable Verteidigung oder einsehbare Erkenntnis für einen letztlich barmherzigen Islam. Denn die modernen „Gotteskrieger" verwenden fast gleiche Argumente, ohne dass sie eine schwache Religion gegen Feinde verteidigen müssten. Sie kämpfen gegen westliche Dekadenz, Demokratie und gegen Ungläubige, die ihrer Meinung nach dem „wahren" Islam feindlich gegenüber eingestellt sind. Wenn sie könnten und dürften, dann würden sie also auch im 21. Jahrhundert gleichlautende furchterregende Suren formulieren, - ohne Anregung durch die alten. Es ist derselbe verwirrte aggressive Geist, wie vor 1300 Jahren.

# Zwischenruf

13.04. 2015

Also manchmal zweifele ich aufgrund ihrer Phänomenologie, ihrer Marketingsprüche und ihrer Lebensläufe an der Problemlösungskompetenz vieler Politiker, in Deutschland und weltweit.

# Das Boot

12.04.2015

Die Politik darf das Zuwanderungsproblem, die Asylproblematik und auch Ansprüche der Islamverbände nicht den unbeschränkt Gutwilligen und den wortreichen Appellen an die Moral überlassen, sondern sie sollte sich auch auf einen vernünftigen Realismus mit konkreten Aktionen konzentrieren. Nur auf Druck der Bevölkerung Fehler einzugestehen wie bei einer Salamitaktik, wirkt kontraproduktiv.
Welche Reaktionen erwartet man denn besonders von rechten restringierten Menschen in einem aufgewühlten Umfeld, in dem Buschkowsky, Richterin Heisig und Thilo Sarrazin für berechtigte Aufregung sorg(t)en, wo die Einbruchsrate bedrohlich steigt, wo es zweifellos Parallelgesellschaften und problembelastete Gettos gibt, in dem aus linken „didaktischen Gründen" Ausländerheime in reichen Gegenden gegen das geltend Baurecht geplant werden, in dem die einheimische ärmere Bevölkerung kaum bezahlbaren Wohnraum findet, wo die Antwort auf die Frage, warum so viele Menschen gerade nach Deutschland kommen, selten gegeben wird, in dem Lehrer, die besonders viele Migrantenkinder unterrichten müssen, wenig Unterstützung finden, in dem Behördenvertreter, die mit Zuwanderung befasst sind, über stressige Mehrbelastung bei der Betreuung

klagen, wo es verschwiegene „no-go-areas" gibt, in denen Drogendealer und arabische und osteuropäische Banden den öffentlichen Raum beherrschen?

## Sinnlose Gesetze

11.04.2015

Hannes Stein, der kompetente USA-Experte der WELT, versucht in einem Essay vom 11.4. uns das amerikanische Verständnis von Religionsfreiheit und Parallelgesellschaft nahezubringen. Dem amerikanischen Staat würde es niemals einfallen, das Milieu der ultrafrommen Juden in Brooklyn „mit Gewalt an den modernen Mainstream anzupassen". Nie stand zur Debatte, den orthodoxen Juden zu verbieten, dass der Beschneider nach der Beschneidung der Säuglinge das Blut mit dem Mund absaugt, obwohl dadurch gesundheitliche Gefahren bestehen. Um die Scharia als „fremdes Rechtssystem" gab es in den USA jedoch eine hitzige Debatte. Aber nie würde man mit einem Gesetz durchkommen, „das namentlich die Scharia oder die Muslime erwähnt, denn das würde gegen die amerikanische Verfassung verstoßen.
Und nun kommt's: Ein Vorstoß, muslimischen Lehrerinnen das Tragen eines Kopftuches während des Unterrichtes zu verbieten, „würde es wahrscheinlich nie vor den Supreme Court in Washington schaffen". Aus dieser Mitteilung von Hannes Stein könnte man schließen, dass Deutschland engstirniger und intoleranter ist, weil es dieses Problem vom Bundesverfassungsgericht hat entscheiden lassen.
Aber: Ein Kopftuchstreit vor dem höchsten Bundesgericht in den USA wirkt tatsächlich lächerlich, wenn man bedenkt, welchen legislativen Unsinn sich

Bundesstaaten und Städte sonst noch leisten dürfen:
Falsche Bärte sind verboten, wenn sie Gelächter in der Kirche verursachen können.
Salz auf Eisenbahnschienen zu streuen, wird mit der Todesstrafe bedroht.
Männer dürfen nicht ausspucken, wenn sie dabei von Frauen beobachtet werden.
Sich als eine Person der Kirche zu verkleiden, ist verboten.
Ehemänner dürfen ihre Frauen nicht mit einem Stock schlagen, der dicker ist als der Durchmesser ihres Daumens.
Innerhalb der Stadtgrenzen darf Frauen nicht nachgepfiffen werden.
Das Tragen von Pumps mit scharfen und hohen Absätzen ist verboten.
Also: Von einem Land, welches solche Gesetze erlässt, darf man nicht annehmen, dass Lehrerinnen das Kopftuchtragen verboten wird. In Deutschland ist man zu Recht stolz darauf, vernünftigere Gesetze zu haben als die USA, u.a. Verbot der Todesstrafe, striktere Waffengesetze und keinen horrenden Unsinn. Deshalb sollten unsere Bundesrichter noch einmal überlegen, ob das positive Urteil zum muslimischen Kopftuch nicht doch zur Kategorie der sinnlosen und lächerlichen Gesetze in den USA gehört.

## Spendentransparenz

06.04.2015

Vermehrt werden Statistiken über Parteispenden veröffentlicht. Da werde „gestückelt, getrickst und geschoben", um Transparenz zu erschweren. Nun stellt sich aber die Frage, warum das so ist. Könnte es sein, dass reiche Spender wie Quandt oder Klatten befürchten, dass der Absatz ihrer Produkte einbrechen würde, wenn der manipulierte Durchschnittsbürger erkennt, welche Parteien Spenden in welchem Umfang erhalten? Oder müssen sie die Dunkelheit lieben, um ihre Interessen zu verbergen, weshalb sie die Spenden geben?

In den Spendenlisten tauchen „Bibeltreue Christen", die „Pogo-Partei", die „Piraten" und „Die Linke" selten oder gar nicht auf. Auch die SPD bleibt im Spendenaufkommen weit hinter CDU und CSU zurück. Und das ist auch gut so! Warum sollten erfolgreiche Unternehmen Parteien unterstützen, von denen sie annehmen, dass sie die Ökonomie beschädigen könnten und ihre Gewinne schmälern wollen? Das wäre schön doof. Es haben ja nicht nur Sozialhilfeempfänger Interessen, sondern auch Unternehmen, unabhängig davon, ob durch Kapitalismus erzeugte Gewinne moralisch anrüchig sind und die Anhänger extremer Verteilungsgerechtigkeit, die allein Experten im Verteilen sind und nicht im Erwirtschaften, aufjaulen.

# Prinzipien der Kriegspropaganda
06.04.2015

In allen Kriegen der Welt, besonders aber im Ersten und im Zweiten Weltkrieg und in der Gegenwart im „Heiligen Krieg" des IS und anderer islamistischer Terrorbanden, sowie im Hybridkrieg in der Ukraine spielt Propaganda eine zentrale Rolle. Es sind die folgenden zehn Prinzipien der Kriegspropaganda (laut Arthur Ponsonby 1928), die gleichsam wie eine Schablone über jeden Krieg gelegt werden können:
1. Wir wollen den Krieg nicht
2. Das gegnerische Lager trägt die alleinige Verantwortung
3. Der Führer des Gegners hat dämonische Züge

4. Wir kämpfen für eine gute Sache
5. Der Gegner kämpft mit unerlaubten Waffen
6. Der Gegner begeht mit Absicht Grausamkeiten, bei
uns handelt es sich um Versehen
7. Unsere Verluste sind gering, die des Gegners enorm
8. Angesehene Persönlichkeiten, Wissenschaftler,
Künstler und Intellektuelle unterstützen
    unsere Sache
9. Unsere Mission ist heilig
10. Wer unsere Berichterstattung in Zweifel zieht, steht
auf der Seite des Gegners (Verrat)

## Optischer Spionagesatellit

05.04.2015

Deutschland ist nur bedingt spionagebereit. Denn
Ursula von der Leyen beteiligt sich mit 210 Millionen
Euro an einem französischen Spionagesatelliten, den
Deutschland zwar zu 20% nutzen darf, aber den es
auch selber bauen könnte. Militärs, Politiker aller
Parteien und Raumfahrtexperten sind empört. Man
äußert die Vermutung, dass die Entscheidung eher
vom Willen nach deutsch-französischen
Vorzeigeprojekten geprägt sei als von tatsächlichen
auch nationalen Anforderungen.
Ich vermute einen weiteren Grund hinter dieser
Entscheidung. Spionage ist für Deutsche ein
schmutziges Geschäft. Das sollen mal lieber die
„Bösen" machen. Man bezieht ja auch ganz
wesentliche und wichtige Informationen von
ausländischen Geheimdiensten, besonders vom
„großen Satan" USA, wo Datenschutz sträflich
vernachlässigt werden darf.
Aber die Entscheider, Frankreich bei diesem optischen
Satelliten zu unterstützen, könnten auch in eine Falle
der „listigen Unvernunft" getappt sein. Denn was

nützen den Deutschen noch so gestochen scharfe Bilder von Krisenregionen, wenn sie diese nur als „künstlerisch wertvoll" in die Archive verbannen und nicht als Handlungsoptionen werten, um dort auch einzugreifen. Da halten wir uns ja „pazifikatorisch" zurück.

## Die andere Armut

05.04.2015

In der Wams vom 5.April auf Seite 4 hat Susanne Gaschke einen so wunderbaren Artikel über „Die andere Armut" verfasst, dass man ihn gar nicht zusammenfassend wiedergeben kann. Er muss als Ganzes gelesen werden, denn jeder Satz erfreut.

## Helmut Kohl

02.04.2015

Helmut Kohl wird am 3.April 85 Jahre alt. Es hätte „dem Parlament in Berlin wohl angestanden, zu einer Geste der Achtung und Verneigung vor der historischen Leistung zu finden" (Michael Stürmer in der WELT vom 2.April). Und nicht nur das! Alle Kirchenglocken in Deutschland müssten an diesem Tag läuten, was beim Mauerfall verweigert wurde - wahrscheinlich aus Trauer um den Zusammenbruch eines sozialistischen Gebildes, welches real nur die kleinkarierte, lächerliche Kopie eines Staates war mit Schießbudenfiguren wie Margot und Erich Honecker an der Spitze, hofiert von ähnlichen Typen im Westen.
Die Medien, besonders Stern und Spiegel, haben Helmut Kohl nie verziehen, dass er trotz massiven Beschusses die Spendernamen nicht nannte. Sie und andere haben diese Niederlage bis heute nicht verwunden. Die Strafe für Kohl und die CDU war ihnen

nicht genug. Sie wollten Kohl im Staube sehen. Er musste die Spendernamen trotz seines Ehrenwortes nennen, was aber kein Gesetz von ihm verlangte. Wenigstens dieser Sieg war Ehrensache für die Journaille. Denn als „Birne" Kanzler wurde glaubten sie schon einmal, ihn durch ihr Geschreibsel binnen kurzem aus diesem Amt entfernen zu können.

Ich wünsche dem Kanzler der Einheit viel Kraft und noch viele glückliche Momente in seinem Leben.

## Sozialerotiker

01.04.2015

Asylbewerber und Flüchtlinge werden vom deutschen Sozialstaat großzügig behandelt. Die finanzielle Unterstützung ist hoch und eigentlich legale Abschiebungen dauern lange oder münden in ein dauerndes Bleiberecht. Deshalb kommen ja auch so viele zu uns. Diese Vorteile für ihre Interessen zu nutzen, hat eine gewisse Logik und geht in Ordnung, solange die bestehenden Gesetze diese Möglichkeiten zulassen.

Dass die Menschen aber, die aus wirklicher oder vorgetäuschter Not Deutschland wählen, über Gesetze hinaus Unverschämtheiten verlangen, überproportional kriminell werden und ihre kulturellen Sitten und Unsitten der deutschen Tradition aufzwingen wollen, beschädigt Solidarität und Hilfsbereitschaft auch der Gutwilligsten. Beschwichtiger, Schönredner dieser Probleme und Sozialerotiker verstärken Unmut und Ablehnung in der an sich toleranten Bevölkerung.

# Über den Autor

Der Autor, Dieter Rakete, wurde am 02.05.1940 geboren.

Er war bis 2001 Lehrer an einem Hamburger Gymnasium mit den Fächern Philosophie, Latein und Sport.

Seine Weltsicht wurde maßgeblich geprägt durch K.R. Poppers Buch „Die Offene Gesellschaft und ihre Feinde".